大学入試

肘井 学のゼロから英文法が面白いほどわかる本

NEXT

スタディサプリ講師
肘井 学

音声ダウンロード付

JN043891

KADOKAWA

はじめに

　前著の『大学入試　肘井学の　ゼロから英文法が面白いほどわかる本』は、おかげさまで大変好評を博し、多くの方に読んでいただけました。前著は**高校英文法の入り口**の役割で、あえて情報量と単元を絞ることで、英語が苦手な人たちにも理解できる内容にしました。

　一方で、高校の英文法の単元には、前著で取り上げたもの以外にも**接続詞、名詞、形容詞、副詞、前置詞**などの重要分野が存在します。それに加えて、**動詞、形容詞、副詞、名詞の語法**という分野も存在します。

　本書では、前著の時制、準動詞、仮定法などの最重要項目を除いた、残りの分野と語法を扱うことになります。前著で好評だった**簡潔な説明**、全体像が理解できる**英文法の見取り図**、**文法用語の説明**などはそのまま踏襲（とうしゅう）します。

　さらに、本書では新たに、指導者が生徒の学習の定着度をはかることができる**口頭チェックテスト**を設けました。**単元が終わるごとに、知識が定着しているかどうかを口頭で確認する**ことができます。独学で進める場合は、自分で口頭チェックテストを使って、知識の定着を促してください。

　本書をきっかけに、あなたの英語力が高まり、それにより道が開けることを願っています。英語に限らず、**勉強で一番大切なのは理解したうえで反復すること**。本書でも、**理解と反復**をぜひ実践してください。

肘井（ヒジイ）　学（ガク）

本書の特長

❶ 難解な文法用語をゼロから説明

　英語の初学者にとって、一番頭を悩ますのが難しい文法用語です。本書では、**知識ゼロからでも文法用語を１つひとつ理解できる**ように工夫しました。各単元の冒頭に、必要に応じて用語説明があります。

❷ 英語の迷子にならない、12枚の「英文法の見取り図」

　必要に応じて、英文法の全体像を示す「**英文法の見取り図**」を用意しました。ときに**全体の道しるべ**として、ときに**何を覚えたらよいかを明らかにしてくれるもの**です。これでもう英語の迷子になる心配はありません。

❸ 読む負担を最小限にした説明

　読む量が多いのも、初学者を悩ませる要因の１つです。本書では、**１つの段落を少ない行数でまとめ、簡潔な説明を徹底しました**。別冊の解説集でも、簡潔な説明につとめています。

❹ 全ページフルカラー

　最後まで飽きずに本書を終えられるよう、**全ページフルカラー**の仕様です。本書は、視覚的に理解するための最高の構成にしてあります。社会人の方も、学生時代を思い起こして、黒板の図で情報を整理していきましょう。

❺ ゼロからわかる英文法ドリル

　まずは、簡単なドリルを解いてみてください。それがすべて終わったら、❻の工程に進みます。

❻ 英文法コラム付き

　英文法の「なぜ」やその背景をコラムで紹介していきます。例えば、**なぜ３単現のsというルールが存在するのか**、その背景がわかれば一生モノの知識になります。

❼ 教える先生のための口頭チェックテスト付き

　本書の内容を定着させるために、**口頭チェックテスト**を設けました。指導者の指導の下で本書を進める場合は、章が終わるごとに口頭でテストを実施してください。独学で進める場合は、自分でテストを実施してください。

英文法の見取り図一覧

英文法コラム一覧

本書の使い方

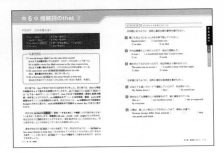

---

① 　**文法用語の説明に、軽く目を通す**

　　章の初めの「**文法用語の説明から**」に、軽く目を通します。ここでは、本編に入る前に、新しい用語に慣れることを目的としているので、立ち止まらずに、さっと目を通すだけで構いません。

② 　**英文法の見取り図とPOINTで、全体像を確認する**

　　常に全体を把握して、細部を理解していくことが、最も効率のよい勉強方法です。

③ 　**日本語の説明を読み進める**

　　英文法の見取り図とPOINTで、ヴィジュアル的に全体を把握したら、下の説明を読み進めていきます。**ヴィジュアル×文字の相乗効果**で、理解がどんどん深まります。

④ 　**ゼロからわかる英文法ドリルを解く**

　　最初は2択式の選択問題から取り組み、**その知識を生かして**空所補充問題に進みます。

⑤ 　**口頭チェックテストで知識の定着を確認する**

　　5〜7講に1度、口頭チェックテストがあります。それを使って、知識が定着しているかどうかを確認してください。指導者の方がいる場合は、指導者に一問一答で確認してもらい、独学の場合は自分で何度も確認して、知識定着をはかってください。

もくじ

第1章　接続詞

第2章　名詞・冠詞

第3章　代名詞

第4章　形容詞

音声ダウンロードについて

○ 音声ファイルは以下からダウンロードして聞くことができます。

> ### https://www.kadokawa.co.jp/product/322205001014
>
> **ユーザー名** zero-next
> **パスワード** bunpou-217

○ 上記ウェブサイトには、パソコンからアクセスしてください。
音声ファイルは、携帯電話、スマートフォン、タブレット端末などからはダウンロードできないので、ご注意ください。

○ スマートフォンに対応した再生方法もご用意しています。
詳細は上記URLへアクセスの上、ご確認ください。

○ 音声ファイルはMP3形式です。パソコンに保存して、パソコンで再生するか、携帯音楽プレーヤーに取り込んでご使用ください。
また、再生方法などについては、各メーカーのオフィシャルサイトなどをご参照ください。

○ このサービスは、予告なく終了する場合があります。
あらかじめご留意ください。

接続詞

接続詞

文法用語の説明から ◎本編に入る前に、まず文法用語に目を通しておきましょう。

用語一覧	解説
等位接続詞（とういせつぞくし）	and、but、or などのように、単語と単語、文と文など文法上同じ性質のものをつなぐ接続詞を指します。「何と何をつないでいるか」の視点が重要です。
相関接続詞（そうかんせつぞくし）	等位接続詞の中でも、ある表現と相関して使う表現のこと。both A and B「A と B 両方」、not A but B「A ではなくて B」、either A or B「A か B か」のような表現を指します。
従属接続詞（じゅうぞくせつぞくし）	等位接続詞と違って、文の中心となる主節に対して、文の付属となる従属節を作る接続詞。**when**、**if**、**because** などのことを指します。例えば、Because 〜 , SV. のように、前に従属節を置いたり、SV because 〜 . のように後ろに従属節を置いたりして使うことがあります。
譲歩（じょうほ）	while や though(although)が譲歩の接続詞。日本語では「〜だけれども」の意味で、相手の主張の一部を先に認めることで、自らの主張の説得力を高める手法のことです。
因果関係（いんがかんけい）	原因と結果の関係を因果関係といいます。so 〜 that …「とても〜なので…」などで、that の前後で因果関係を作ることができます。
様態（ようたい）	「〜ように」で表す表現。as などが様態の接続詞にあたります。
名詞節（めいしせつ）	SV の文構造を含む名詞の意味のカタマリのことを名詞節といいます。that、if、whether などが名詞節を作ります。
他品詞から転用された接続詞	元々副詞や前置詞句だったものが接続詞に転用されたものを指します。once、now、every time などは元々副詞で、接続詞として使用される用法があります。

英文法の見取り図その1 （接続詞の全体図）

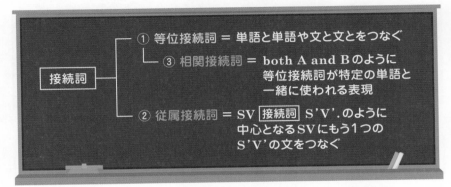

まずおさえるべきは、接続詞には大きく分けて2種類あることです。and や but に代表される**等位接続詞**と、if や when などの**従属接続詞**です。そして、**等位接続詞**の中に**相関接続詞**があるイメージです。

① 等位接続詞

and「そして」、but「しかし」、or「あるいは」などを指します。Japanese **and** Chinese「日本語と中国語」のように**名詞と名詞を接続**することや、He lives in Sapporo, **but** she lives in Tokyo.「彼は札幌に住んでいる**が**、彼女は東京に住んでいる」のように**文と文とをつなぐ**ことがあります。等位とは「等しいもの」を意味します。

② 従属接続詞

when「〜するとき」、if「もし〜なら」、though「〜だけれども」などを指します。I visited her **when** she was sick.「彼女が病気の**とき**、私は彼女のお見舞いに行った」のように、中心となる I visited の SV に、**when** で S'V' をつなげて説明を続けます。従属とは「何かに付随する」という意味です。中心となる SV に、when などでもう1つの文を付随させるイメージです。

③ 相関接続詞

等位接続詞の一種で、**and、but、or を特定の単語と一緒に使う表現**を指します。例えば、and を使った相関接続詞に **both A and B**「A と B 両方」、but を使ったものに **not only A but also B**「A だけでなく B も」、or を使ったものに **either A or B**「A か B か」などがあります。

POINT これを覚える！

等位接続詞	① 命令文 , and …. 「〜しなさい、そうすれば…」
	命令文 , or …. 「〜しなさい、さもなければ…」
	② both A and B 「A と B 両方」
	③ not only A but also B 「A だけでなく B も」
	④ either A or B 「A か B か」
	neither A nor B 「A も B も〜ない」

✎ 基本例文

① Hurry up, **and** you will be in time for school.
　急ぎなさい、そうすればあなたは学校に間に合うだろう。
　Hurry up, **or** you will be late for school.
　急ぎなさい、さもなければあなたは学校に遅刻するだろう。

② This movie is **both** interesting **and** useful.
　この映画は**面白いし役に立つ**。

③ My friend lived **not only** in Japan **but** in Brazil.
　私の友人は**日本だけでなくブラジルにも**住んだことがある。

④ **Either** you **or** I must go.
　あなたか私かが行かなければならない。
　I **neither** drink **nor** smoke.
　私は**お酒もたばこもやらない**。

　等位接続詞で最初におさえるべきは、命令文と and、or が一緒に使われる表現です。**命令文 , and ….** の形では、**and** が「**そうすれば**」と因果関係を作ることができます。一方で**命令文 , or ….** では or が「**さもなければ**」の意味になります。例文①でも、上の例文が**命令文 , and ….** で、**急ぐという原因から、学校に間に合うという結果**が予想されます。下の例文は**命令文 , or ….** なので、**急ぐか学校に遅刻するかの二者択一**の状況です。

　等位接続詞の中でも、特定の単語とセットで使うものを**相関接続詞**といいます。例文②では、**both A and B**「**A と B 両方**」が使われています。③は**not only A but also B**「**A だけでなく B も**」です。also は省略されることもあります。④は**either A or B**「**A か B か**」です。否定の **n** が付くと、**neither A nor B**「**A も B も〜ない**」になるので、おさえておきましょう。

日本語に合うように、空所に適切な語の番号を選びなさい。

1 急ぎなさい、そうすればあなたはその電車に間に合うだろう。

Hurry up, (　　　) you will catch the train.

① and　　　　　　　　　② or

2 私の妻も私も映画に興味がある。

Both my wife (　　　) I are interested in movies.

① and　　　　　　　　　② or

3 彼はお金持ちでも有名でもない。

He is neither rich (　　　) famous.

① or　　　　　　　　　② nor

日本語に合うように、空所に適切な英単語を書きなさい。

4 急ぎなさい、さもなければその電車に乗り遅れるよ。

(　　　　　) (　　　　　), (　　　　　) you will miss the train.

5 彼だけでなく彼の友人も正しかった。

(　　　　　) (　　　　　) he (　　　　　) (　　　　　) his friend was right.

6 あなたか私のどちらかが間違っている。

(　　　　　) you (　　　　　) I am wrong.

POINT これを覚える！

① when 「〜するとき」
② while 「〜する間」
③ before 「〜する前に」⇔ after 「〜したあとに」
④ since 「〜からずっと」

✎ 基本例文

① **When** the telephone rang, I was reading a book.
電話が鳴ったとき、私は本を読んでいるところだった。
② My mother came **while** I was out.
私が外に出ている間に、母がやってきた。
③ You have to finish it **before** I come home.
私が家に帰る前に、あなたはそれを終えておかなければいけない。
I will go out **after** I finish my work.
仕事を終えたあとに、外出します。
④ We have known each other **since** we were children.
私たちは子どもの頃からずっとお互いを知っている。

　時を表す従属接続詞で最初におさえるべきは、① **when**「〜するとき」です。文頭で **When 〜** , SV. でも、文の後ろで SV **when 〜** .とすることも可能です。続いて、② **while**「〜する間」です。when が「電話が鳴ったとき」と、ある行為の一点を指す一方で、while は「私が外に出ている間」のように、その行為の間中を意味します。

　続いて、③ **before**「〜する前に」と、その反対の **after**「〜したあとに」です。例文③のように、**before** I come home「私が家に帰る前に」、**after** I finish my work「（私が）仕事を終えたあとに」と使います。

　最後が④ **since**「〜からずっと」です。「〜以来」としてもよいでしょう。since には、他にも理由の意味で「〜ので」があるので、**時の since**、理由の since と区別します。**時の since** は、例文④のように、**完了形とセットで使われる**ことをおさえておきましょう。

日本語に合うように、空所に適切な語の番号を選びなさい。

1 雨が降っている間、私たちは外にいた。

We stayed outside (　　　) it was raining.

① while 　　　　　　　　② during

2 あなたが行く前に、私は言っておかなければならないことがある。

(　　　) you go, I must tell you something.

① After 　　　　　　　　② Before

3 彼は大学を卒業してからずっと働いている。

He has been working (　　　) he graduated from college.

① since 　　　　　　　　② from

日本語に合うように、空所に適切な英単語を書きなさい。

4 電話が鳴ったとき、私はシャワーを浴びていた。

(　　　　　　　) the telephone rang, I was taking a shower.

5 授業が終わったあとに、私は帰ってきた。

I came back (　　　　　) the class was over.

6 彼女が子どもの頃からずっと、私は彼女を知っている。

I have known her (　　　　　　) she was a child.

POINT これを覚える！

> ① because 「〜だから」
> ② since 「〜ので」
> ③ as 「〜ので」

基本例文

① I like this dress, **because** it is so beautiful.
　私は、**このドレスがとても美しいから**、好きだ。
② **Since** I had little money, I didn't buy anything.
　ほとんどお金がなかったので、私は何も買わなかった。
③ **As** it was snowing, I decided to stay home.
　雪が降っていたので、私は家にいることにした。

　理由を表す接続詞は、① **because**「〜だから」、② **since**「〜ので」、③ **as**「〜ので」の３つです。**Because 〜 , SV.「〜だから、S が V する」**か、SV **because 〜 .**「〜だから、S が V する」のように使います。since とは異なり、because が示す理由は強い（相手が知らない理由である）ので、後ろに置かれることがよくあります。例文①のように、〜 **because** it is so beautiful.「**それ（このドレス）がとても美しいから**〜」のように使います。

　続いて、② **since**「〜ので」も理由を表します。because に比べると弱い理由（すでに相手が知っている理由）が多いので、前に置かれることが多くなります。例えば、例文②のように、**Since I had little money,** 〜「**ほとんどお金がなかったので、**〜」のように使います。since には「〜からずっと」の用法もあるので、**時の since「〜からずっと」**、**理由の since「〜ので」**と区別して覚えておきましょう。

　最後の③ **as**「〜ので」も理由を表します。since と同様に、because に比べると弱い理由（すでに相手が知っている理由）が多いので、前に置かれることが多くなります。例えば、例文③のように、**As it was snowing,** 〜「**雪が降っていたので、**〜」と使います。as にも**時の as「〜とき」**など、多くの用法があるので、**理由の as「〜ので」**と覚えておきましょう。

日本語に合うように、空所に適切な語の番号を選びなさい。

1 彼女は私の電話番号を見つけられなかったので、電話しなかった。
She didn't call me（　　）she couldn't find my phone number.
① because of ② because

2 今日は素晴らしい天気なので、外に行きませんか？
（　　）it's such a beautiful day, why don't we go out?
① From ② Since

3 私の兄は賢いので、すべての答えを知っているはずだ。
（　　）my brother is clever, he should know all the answers.
① In ② As

日本語に合うように、空所に適切な英単語を書きなさい。

4 頭痛がしたので、早く寝た。
（ S　　　　）I had a headache, I went to bed early.

5 少し熱があったので、昨日は早く帰宅した。
I went home early yesterday,（ b　　　　）I had a little fever.

6 暗くなってきたので、私はすぐに引き返した。
（ A　　　　）it was getting dark, I soon turned back.

POINT これを覚える！

① **if**　　　　　　　　　　　「もし〜なら」
② **unless**　　　　　　　　　「〜しない限り」
③ **though（although）**　　「〜だけれども」
④ **while**　　　　　　　　　「〜だけれども」

🖋 基本例文

① **If** you have time, could you help me?
　もし時間があるなら、手伝っていただけますか？
② I work late at night **unless** I am tired.
　疲れていない限り、私は夜遅くまで働きます。
③ **Though** you are tall, you cannot touch it.
　あなたは背が高いけれども、それには触れないよ。
④ **While** she likes her boyfriend, she doesn't trust him.
　彼女はボーイフレンドが好きだけれども、彼のことを信頼していない。

　条件の接続詞は、① **if**「もし〜なら」、② **unless**「もし〜なければ」＝「〜しない限り」があります。肯定的な条件が **if** で、否定的な条件が **unless** です。例文①のように、**If** you have time, 〜「もし時間があるなら、〜」と使います。例文②のように、**unless** I am tired「（私が）疲れていない限り、〜」と使います。

　譲歩の接続詞は、③ **though** と④ **while** で両方とも「〜だけれども」という意味です。例文③のように、**Though** you are tall, 〜「あなたは背が高いけれども、〜」、例文④のように **While** she likes her boyfriend, 〜「彼女はボーイフレンドが好きだけれども、〜」と使います。ちなみに、though は **although** でも同じ意味で「〜だけれども」です。**though** は話し言葉でも書き言葉でも両方で使われて、**although** は書き言葉で使われることが多い、とおさえておきましょう。

　譲歩とは、**本来予想されるものに反する結論を導く**ことをいいます。例えば、例文③なら「背が高いなら触れるはずなのに触れない」、例文④なら「ボーイフレンドが好きなら信頼しているはずなのに信頼していない」と、**本来予想される結論と反対の内容**になります。

練 習 問 題 ｜ ゼロからわかる英文法ドリル

日本語に合うように、空所に適切な語の番号を選びなさい。

1 明日雨が降るなら、私は家にいるよ。

（　　）it rains tomorrow, I'll stay at home.

① Unless　　　　　　　　② If

2 雪が降らない限り、私があなたを迎えに行きます。

I'll pick you up, （　　）it snows.

① unless　　　　　　　　② if

3 私は恥ずかしがり屋だけれども、私の妻は愛想がよい。

（　　）I am shy, my wife is social.

① If　　　　　　　　② While

日本語に合うように、空所に適切な英単語を書きなさい。

4 もし私にお手伝いできることがあれば、お電話ください。

（　　　　　　　）there's anything I can do to help, just give me a call.

5 雨が降らない限り、私は行きます。

I will go （　　　　　　　）it rains.

6 私はコーヒーが好きだけれども、妻は紅茶が好きだ。

（W　　　　　　）I prefer coffee, my wife prefers tea.

POINT これを覚える！

接続詞の that ┬ 名詞節を作る that「〜こと」
　　　　　　 └ 同格の that → 名詞 that「〜という 名詞」

✎ 基本例文

① I think **that** he is right.
　私は**彼が正しい**と思う。
② **That** you exercise now is a good idea.
　= It is a good idea **that** you exercise now.
　あなたが今運動することはよい考えだ。
③ My opinion is **that** you don't understand her.
　私の意見は、**あなたは彼女を理解していないということ**だ。
④ You should understand **the fact that** this is their first game.
　あなたは、**これが彼らの最初の試合だという事実**を理解すべきだ。

　that には「あれ」という用法以外に、接続詞の that が重要です。文と文をつなげるので接続詞ですが、実際の機能を理解することが重要です。例えば、**名詞節の that**という**名詞のカタマリを作る that** と、**名詞の説明をする同格の that** があります。

　名詞節の that「〜こと」には、**目的語、主語、補語**で使われる**３パターン**があります。例文①のように、**that** he is right. で、「彼は正しいということ」という名詞のカタマリを作って think の大きな目的語になっています。例文②では、**That** you exercise now「あなたが今運動すること」と、名詞のカタマリを作って文の主語になっています。もっとも、主語で名詞節の that を使う場合、英語では長い主語が嫌われるので、形式主語の it を置いて、It is a good idea **that** you exercise now. とします。例文③は、補語で名詞節の that が使われるパターンです。**that** you don't understand her「あなたが彼女を理解していないということ」と文の補語になっています。

　最後が**同格の that** です。名詞 that「〜という 名詞」で、that 以下で名詞の説明をします。特定の名詞とよく使われ、例文④のような **the fact that**「〜という事実」や **the idea that**「〜という考え」、**the news that**「〜という知らせ」のように使います。

日本語に合うように、空所に適切な語の番号を選びなさい。

1 あなたが英語を今勉強することはよい考えだ。
　　　(　　　) you study English now is a good idea.
　　　① What　　　　　　　　② That

2 重要なのは最善を尽くすことだ。
　　　(　　　) is important is to do your best.
　　　① What　　　　　　　　② That

3 あなたが親を尊敬すべきことは明らかだ。
　　　It is clear (　　　) you should respect your parents.
　　　① what　　　　　　　　② that

日本語に合うように、空所に適切な英単語を書きなさい。

4 彼女が彼と結婚したという事実は私を驚かせた。
　　　(　　　　　) (　　　　　) (　　　　　) she married him surprised
　　　me.

5 私は彼が仕事を見つけたという知らせを聞いた。
　　　I heard (　　　　　) (　　　　　) (　　　　　) he got a job.

6 私はお金がすべてだという考えは好きではない。
　　　I don't like (　　　　　) (　　　　　) (　　　　　) money is
　　　everything.

第6講 接続詞のthat ②

POINT これを覚える！

① so 〜 that …　　　　　「とても〜なので…」
　 such 〜 that …　　　　「とても〜なので…」
② so that S 助動詞　　　「S が〜するために」、「〜ように」
③ in that　　　　　　　　「〜という点で」

基本例文

① I was **so** hungry **that** I ate the cake all by myself.
　私は**とても**お腹が空いていた**ので**、そのケーキを全部１人で食べた。
　He is **such** a smart boy **that** everyone in the class respects him.
　彼は**とても**賢い男の子な**ので**、クラスのみんなが彼を尊敬している。
② He came home early **so that** he **could** please his wife.
　彼は、**妻を喜ばせるために**、家に早く帰った。
③ He is fortunate **in that** he has many friends to help him.
　彼は自分を助けてくれるたくさんの友人がいる**という点で**、幸運だ。

第5講では、that が単独で使われる表現を学びました。第6講では、**that と特定の単語がセットで使われる表現**を見ていきます。**so 〜 that …** と **such 〜 that …** は「とても〜なので…」という意味で、that の前後で因果関係（原因と結果の関係）を作ることができます。**so は副詞**なので「〜」には形容詞、副詞、**such は形容詞**なので「〜」には名詞が入ります。例文①のように、**so は副詞**なので形容詞の **hungry** が後ろに置かれ、**such は形容詞**なので名詞の **a smart boy** が後ろに置かれます。

例文②は **so that S 助動詞** で、目的「〜**するために**」や様態（人の行動のありさま）「〜**ように**」を意味します。**助動詞**には **can**、**could**、**will**、**might** などが使われ、例文②のように**目的**を表すことができます。「妻を喜ばせる」という目的のために、「早く帰宅する」という手段をとっていることを確認しましょう。

最後が例文③の **in that**「〜という点で」です。例文の③のように、〜 **in that** he has many friends to help him.「自分を助けてくれるたくさんの友人がいる**という点で**、〜」と使います。**in that** で「〜**という理由で**」の意味もあるので、おさえておきましょう。

練習問題 ゼロからわかる英文法ドリル

日本語に合うように、空所に適切な語の番号を選びなさい。

1 聞こえるようにもっと大きな声で話してください。

Speak louder（　　　）I can hear you.

① in that　　　　　　　② so that

2 それは素晴らしい本だったので、私は２回読んだ。

It was（　　　）a wonderful book that I read it twice.

① so　　　　　　　　　② such

3 痛みがとてもひどかったので、私は昨晩よく眠れなかった。

The pain was so severe（　　　）I couldn't sleep well last night.

① that　　　　　　　　② what

日本語に合うように、空所に適切な英単語を書きなさい。

4 父はとても速いスピードで運転していたので、私は怖かった。

My father drove（　　　　　）fast（　　　　　）he scared me.

5 彼女はとても素晴らしい芸術家なので、皆に尊敬されている。

She is（　　　　　）an excellent artist（　　　　　）she is respected
by everyone.

6 人間は、話したり考えたりできるという点で、動物とは違う。

Human beings differ from animals（　　　　　）（　　　　　）they
can speak and think.

問題

Q.1 命令文 , and ….の意味は？

Q.2 命令文 , or ….の意味は？

Q.3 both A and B の意味は？

Q.4 not only A but also B の意味は？

Q.5 either A or B の意味は？

Q.6 neither A nor B の意味は？

Q.7 while の意味を 2 つ挙げなさい。

Q.8 since の意味を 2 つ挙げなさい。

Q.9 条件を表す接続詞を、if を除いてもう 1 つ、意味と一緒に挙げなさい。

Q.10 though の意味は？

Q.11 名詞節を作る that の意味は？

Q.12 同格の that を、具体的な名詞とセットで 3 つ挙げなさい。

Q.13 so ～ that …の意味は？

Q.14 such ～ that …の意味は？

Q.15 so ～ that …と such ～ that …の違いは？

Q.16 so that S 助動詞 の意味は？

Q.17 in that の意味は？

解 答

A.1 「〜しなさい、そうすれば…」

A.2 「〜しなさい、さもなければ…」

A.3 「AとB両方」

A.4 「AだけでなくBも」

A.5 「AかBか」

A.6 「AもBも〜ない」

A.7 時のwhile「〜する間」、譲歩のwhile「〜だけれども」

A.8 時のsince「〜からずっと」、理由のsince「〜ので」

A.9 unless「〜しない限り」

A.10 「〜だけれども」

A.11 「〜こと」

A.12 the fact that「〜という事実」、the idea that「〜という考え」、the news that「〜という知らせ」

A.13 「とても〜なので…」

A.14 「とても〜なので…」

A.15 soは副詞なので後ろに形容詞か副詞、suchは形容詞なので後ろに名詞を置く

A.16 「Sが〜するために」、「〜ように」

A.17 「〜という点で」

第 7 講 接続詞のas

POINT これを覚える！

① 時の as   「〜とき」
② 比例の as   「〜につれて」
③ 様態の as   「〜ように」

基本例文

① **As** you called me, I was watching TV.
  あなたが私に電話したとき、私はテレビを見ている最中だった。
② **As I grew older**, I became more confident.
  私は年をとるにつれて、より自信を持てるようになっていった。
③ My parents live **as** others do.
  私の親は**他人がするように**生活をする。

接続詞の as には、第3講で紹介したように、**理由の as「〜ので」**があります。第7講では、それ以外で頻度の高い① **時の as「〜とき」**、② **比例（他に関連して変化する様子）の as「〜につれて」**、③ **様態の as「〜ように」**を紹介します。

① **時の as「〜とき」**は、when よりも、**2つの物事が同時に行われていること**を表すニュアンスが強くなります。例文①でも、**you called me と I was watching TV が同時に進行している様子**がわかるはずです。

続いて② **比例の as「〜につれて」**は、**become、grow、get のような、変化を表す動詞と比較級**が使われることが多くなります。例文②でも、**grew + older** と比較級が使われています。

最後が③ **様態の as「〜ように」**です。特徴は、**as 節に省略が起きること**や、**代動詞の do、does、did などがよく使われる**ことです。例文③でも、My parents live **as** others do.「私の親は**他人がするように**生きる」=「私の親は他人と同じように生活をする」で、**do が live の代動詞**です。ここでの**様態とは主節の内容と同様に**という意味なので、**as 節に省略や代動詞を使用することが多くなります**。

練習問題 ゼロからわかる英文法ドリル

日本語を参考にして、as の適切な用法を選びなさい。

1 彼は年をとるにつれて賢くなった。
　　He became wiser <u>as</u> he grew older.
　　① 様態の as　　　　　② 比例の as

2 私たちは、話をしていたとき、お酒を飲んでいた。
　　We were drinking <u>as</u> we talked.
　　① 時の as　　　　　② 理由の as

3 私の娘は言われたとおりにやった。
　　My daughter did <u>as</u> she was told.
　　① 比例の as　　　　　② 様態の as

日本語に合うように、空所に適切な英単語を書きなさい。

4 年をとるにつれて、私たちは必ずしも賢くなるわけではない。
　　We do not necessarily become wiser（　　　　）we get（　　　　　）.

5 ちょうど出かけようとしているときに彼女が現れた。
　　She showed up（ a　　　　）I was leaving.

6 郷に入りては郷に従え。
　　When in Rome,（　　　　　）（　　　　　）the Romans do.

POINT これを覚える！

① once 「一度～すると」
② now that 「今や～ので」
③ every time 「～するたびに」
④ in case 「～場合に備えて」

基本例文

① **Once** we have learned how to drive, we never forget.
一度車の運転の仕方を覚えたら、私たちは忘れないものだ。
② **Now that** you know the truth, you will feel better.
今やあなたは真実がわかったので、気分がよくなるだろう。
③ **Every time** I see her, she looks tired.
私が彼女を見るたびに、疲れているように見える。
④ You must take your umbrella with you **in case** it rains.
雨が降る場合に備えて、傘を持って行きなさい。

once は元々副詞で「一度」の意味があります。これが接続詞としても使われて、① **Once ～**, SV.「一度～すると、S が V する」という用法があります。例文①のように、**Once** we have learned how to drive, ～ .「一度（私たちが）車の運転の仕方を覚えたら、～」と使います。

続いて副詞の now「今」も、接続詞のように② **Now that ～**, SV.「今や～ので、S が V する」と使うことができます。例文②のように、**Now that** you know the truth, ～ .「今やあなたは真実がわかったので、～」と使います。

次に、every time「毎回」という副詞も接続詞のように③ **Every time ～**, SV.「～するたびに、S が V する」と使うことができます。例文③のように、**Every time** I see her, ～ .「私が彼女を見るたびに、～」と使います。この every time を each time としても同じ意味で、同じ用法があるのでおさえておきましょう。

最後が、④ **in case** です。SV **in case ～** . で「～場合に備えて、S が V する」と使います。case に「場合」の意味があるので、このようになります。例文④のように、～ **in case** it rains.「雨が降る場合に備えて、～」と使います。

練習問題　ゼロからわかる英文法ドリル

日本語に合うように、空所に適切な語の番号を選びなさい。

1 一度仕事が見つかると、状況はよくなった。
Things got better (　　) I found a job.
① now that　　　　　　　② once

2 今やあなたは大人なのだから、行儀よくふるまうべきだ。
(　　) you are an adult, you should behave yourself.
① Now that　　　　　　② Once

3 私が彼を見るたびに、幸せそうに見える。
(　　) I see him, he looks happy.
① In case　　　　　　② Every time

日本語に合うように、空所に適切な英単語を書きなさい。

4 雪が降る場合に備えて、セーターを着て行きなさい。
You must wear your sweater (　　　　　) (　　　　　) it snows.

5 今やあなたは高校生なので、一生懸命勉強すべきだ。
(　　　　　) (　　　　　) you are a high school student, you should study hard.

6 私が彼のオフィスを訪れるたびに、彼は外出している。
(　　　　　) (　　　　　) I visit his office, he is out.

POINT これを覚える！

① **if** の副詞節は「もし〜なら」・名詞節は「〜かどうか」
② **whether** の副詞節は「〜だろうと」・名詞節は「〜かどうか」
③ 副詞節は文型に入らない・名詞節は文の **S・O・C** になる

基本例文

① **If** you need any help, you can call me.
　あなたが助けを必要とするなら、私に電話してください。
　I don't know **if** he is going to Hawaii.
　私は彼がハワイに行くかどうかわからない。
② **Whether** I help or not, the plan will fail.
　私が助けようと助けまいと、その計画は失敗するだろう。
　I don't know **whether** she will come or not.
　彼女が来るかどうか私にはわからない。

　第4講で紹介した **if** の「もし〜なら」ですが、これは **if が副詞節を作るときの意味**です。副詞節とは副詞のカタマリのことで、**SVO などの文型の外に現れる特徴**があります。例文①の上の文は、you can call me が SVO で、**そこから外れた If you need any help は副詞節**と判断されます。一方で、下の文の if は**名詞節を作る if** で「〜かどうか」の意味になります。名詞節とは名詞のカタマリで、文の **S・O・C** になります。特に if が名詞節で使われる場合は、文の **O** になり、**I don't know** の後ろや **ask O₁ O₂**「**O₁** に **O₂** を尋ねる」の **O₂** で使われることが多くなります。

　続いて whether も、副詞節と名詞節で意味が異なる単語になります。副詞節では **whether A or B** の形で「**A だろうと B だろうと**」の意味です。例文②の上の文のように、**Whether** I help or not, 〜 .「私が助けようと助けまいと、〜」のように **whether A or not** と使うことも多いので、おさえておきましょう。続いて名詞節では **whether A or B**「**A か B かどうか**」と使います。例文②の下の文では、know の目的語なので、名詞節「〜かどうか」と判断できます。I don't know **whether** she will come or not.「**彼女が来るかどうか私にはわからない**」と使います。

　まとめると、**副詞節は SVO などの文型から外れて使われ**、**名詞節は文の S・O・C で使われる**ことをおさえておきましょう。特に**if の名詞節は O の場合**に限られます。

ゼロからわかる英文法ドリル

次の下線部の単語が作る品詞にふさわしいものの番号を選びなさい。

1 もしあなたがそれを気に入らないなら、変えることができる。

<u>If</u> you don't like it, you can change it.
　① 副詞節　　　　　　　　② 名詞節

2 あなたは彼が結婚しているかどうか知っていますか？

Do you know <u>if</u> he is married?
　① 副詞節　　　　　　　　② 名詞節

3 彼が来るかどうか、私にはわからない。

I don't know <u>whether</u> he will come or not.
　① 副詞節　　　　　　　　② 名詞節

日本語に合うように、空所に適切な英単語を書きなさい。

4 彼女が来ても来なくても、私は行くよ。

（　　　　　　　）she comes or （　　　　　　　）, I will go.

5 彼がお金持ちかどうかは私には重要ではない。

（　　　　　　　）he is rich or （　　　　　　　）doesn't matter to me.

6 もしよかったら、そのソファで寝てもいいですよ。

You can sleep on the sofa （　　　　　　　）you like.

POINT これを覚える！

① by the time 「～するときまでには」
② until 「～までずっと」
③ as far as 「～する限り（程度・距離の限界）」
④ as long as 「～する限り（時間の限界・条件）」

✎ 基本例文

① **By the time** I arrived, the party had already finished.
私が着くときまでには、パーティはすでに終わっていた。
② I will wait here **until** you come back.
あなたが戻って来るまでずっと、ここで待っているよ。
③ **As far as** I know, there will be class this Saturday.
私の知る限り、今週の土曜日も授業があるだろう。
④ I don't care **as long as** my wife is happy.
妻が幸せである限り、私は気にしない。

　① **by the time** と② **until** は、「～まで」と覚えていると両者の区別がつかなくなります。**by the time** は「～**するときまでには**」、**until** は「～**までずっと**」と区別して覚えておきましょう。例文①のように、**By the time** I arrived, the party had already finished.「**私が着くときまでには**、パーティはすでに終わっていた」となり、これを「私が到着するまでずっとパーティはすでに終わっていた」ではおかしいので、until を使わないとわかるでしょう。

　一方で、例文②のように、I will wait here **until** you come back.「**あなたが戻って来るまでずっと、ここで待っているよ**」という文では until がふさわしいのがわかるでしょう。ちなみに、**until は書き言葉**で使われ、**話し言葉では till** が好まれます。

　続いて、③ **as far as**、④ **as long as** は両方とも「～**する限り**」という意味になります。**as far as は程度や距離の限界**を示して、例文③のように **As far as** I know, ～.「**私の知る限り、～**」と、知識の程度の限界を示します。**as long as は時間の限界や条件**を示して、例文④のように、～ **as long as** my wife is happy.「**妻が幸せである限り、～**」と**条件**を示したり、時間の限界を示したりします。

日本語に合うように、空所に適切な語の番号を選びなさい。

1 あなたが帰宅するときまでには、私は戻るだろう。

I'll be back（　　　）you get home.

① by the time　　　　　　② until

2 私の娘が寝付くまでずっと、私はその部屋にいた。

I stayed in the room（　　　）my daughter fell asleep.

① by the time　　　　　　② until

3 私の知る限り、その表現はよく使われる。

The expression is often used（　　　）I know.

① as long as　　　　　　② as far as

日本語に合うように、空所に適切な英単語を書きなさい。

4 私がそこに着くときまでには、列車はもう出発していた。

（　　　　　）（　　　　　）（　　　　　）I got there, the train had already gone.

5 私が知る限り、チケットは無料だ。

（　　　　　）（　　　　　）（　　　　　）I know, the tickets are free.

6 あなたが働いている限り、十分なお金があるでしょう。

（　　　　　）（　　　　　）（　　　　　）you work, you will have enough money.

第11講 「〜するとすぐに」

POINT これを覚える！

① **as soon as** 「〜するとすぐに」
② **no sooner A than B** 「A するとすぐに B」
③ **hardly A when B** 「A するとすぐに B」

✎ 基本例文

① **As soon as** we arrive in New York, we will visit your house.
　ニューヨークに着いたらすぐに、私たちはあなたの家を訪れるだろう。
② **No sooner** had she gotten home **than** it stopped snowing.
　彼女が家に着くとすぐに、雪が降りやんだ。
③ We had **hardly** started **when** it began to rain.
　私たちが**出発するとすぐに**、雨が降り出した。

「**〜するとすぐに**」の英語表現はとても重要で、大きく2つに分かれます。1つ目が① **As soon as 〜**, SV.「**〜するとすぐに S が V する**」の表現です。例文①のように、**As soon as we arrive in New York, 〜**.「（私たちが）**ニューヨークに着いたらすぐに**、〜」と使います。**As soon as 〜**, SV. は、**As soon as** を **The moment** に置き換えて、**The moment 〜**, SV. としてもほぼ同じ意味になるので、おさえておきましょう。

続いて、② **no sooner A than B**「**A するとすぐに B**」のグループです。**as soon as** が接続詞のように文と文をつなぐのに対して、**no sooner** は副詞なので文頭に置いたり、過去完了の文で **had** と過去分詞の間に置かれたりします。例文②のように、**no sooner** が文頭に出ると、後ろが **had she gotten** と倒置が起こる（疑問文の語順になる）ことをおさえておきましょう。

最後に、**no sooner A than B** とほぼ同じ意味になるのが、③ **hardly A when B**「**A するとすぐに B**」です。**hardly** も副詞なので、文頭に置いたり、**had** と過去分詞の間に置いたりすることがあります。例文③は、**hardly** が **had** と過去分詞の間に置かれるパターンで、We had **hardly** started **when** it began to rain.「私たちが**出発するとすぐに**、雨が降り出した」となります。

ちなみに、**hardly A when B** は、**scarcely A before B** に置き換えられるので、余力があれば、おさえておきましょう。

日本語に合うように、空所に適切な語の番号を選びなさい。

1 部屋が空いたらすぐに、お電話いたします。

I will call you（　　　）a room is available.

① no sooner　　　　　② as soon as

2 私が駅に着くとすぐに、電車は出発してしまった。

（　　　）had I arrived at the station than the train left.

① No sooner　　　　　② As soon as

3 私たちが部屋に入るとすぐに電話が鳴った。

No sooner had we entered the room（　　　）the phone rang.

① than　　　　　② when

日本語に合うように、空所に適切な英単語を書きなさい。

4 会議が終わるとすぐに、私は家に帰った。

（　　　　　）（　　　　　）（　　　　　）the meeting ended, I went home.

5 私たちが立ち去るとすぐに、喧嘩が始まった。

（ H　　　　　）had we left（ w　　　　　）the fight started.

6 彼は私を見るとすぐに、逃げ去った。

（　　　　　）（　　　　　）had he seen me（　　　　　）he ran away.

問題

Q. 1 接続詞のasの代表的な意味を３つ挙げなさい。

Q. 2 接続詞のonce の意味は？

Q. 3 now thatの意味は？

Q. 4 接続詞のevery time の意味は？

Q. 5 in case の意味は？

Q. 6 ifが名詞節を作るときの意味は？

Q. 7 whether A or Bの副詞節のときの意味は？

Q. 8 whether A or Bの名詞節のときの意味は？

Q. 9 副詞節と名詞節はどう区別する？

Q. 10 by the timeの意味は？

Q. 11 untilの意味は？

Q. 12 as far asの意味は？

Q. 13 as long asの意味は？

Q. 14 as far asと as long asの違いは？

Q. 15 as soon asの意味は？

Q. 16 no sooner A than Bの意味は？

Q. 17 hardly A when Bの意味は？

Q. 18 no soonerやhardly が文頭に出るとどうなる？

解答

A.1 時のas「〜とき」、比例のas「〜につれて」、様態のas「〜ように」、理由のas「〜ので」から3つ

A.2 「一度〜すると」

A.3 「今や〜ので」

A.4 「〜するたびに」

A.5 「〜場合に備えて」

A.6 「〜かどうか」

A.7 「AだろうとBだろうと」

A.8 「AかBかどうか」

A.9 副詞節は文型に入らない。名詞節は文のS・O・Cのいずれかになる

A.10 「〜するときまでには」

A.11 「〜までずっと」

A.12 「〜する限り」

A.13 「〜する限り」

A.14 as far asは程度・距離の限界、as long asは時間の限界・条件を表す

A.15 「〜するとすぐに」

A.16 「AするとすぐにB」

A.17 「AするとすぐにB」

A.18 後ろで倒置が起こる（疑問文の語順）

口頭チェックテスト 037

接続詞の後ろが消える!?

次の英文を下線部に注意して、意味を考えてみてください。

> **The news can do great damage <u>if true</u>.**

動詞の do がここでは「与える」の意味なので、「**そのニュースは大きなダメージを与える可能性がある**」となります。下線部のところでつまずくかもしれませんが、意味をとるうえでは「**もし真実なら**」と推測できるでしょう。

ルールを理解すると、**if や when などの従属接続詞の後ろは、主節と同じ主語、be 動詞は省略可能**になります。この文にあてはめると、主節と同じ主語なので the news を代名詞にした it と be 動詞の is が、if の後ろに省略されているとわかります。すると、「**もしそのニュースが真実なら、大きなダメージを与える可能性がある**」と確信をもって訳すことができるでしょう。

次の英文に進みます。下線部に注意して意味を考えてみてください。

> **<u>When in the army</u>, you must obey the orders.**

When in the army でつまずく人がいるかもしれませんが、意味を考えると、「**軍隊にいるとき**」と推測することができるでしょう。

すでに紹介したように、**when や if などの従属接続詞の後ろは、主節と同じ主語、be 動詞は省略可能**というルールでした。よって、**When の後ろに you と are が省略されている**とわかります。意味を考えると「**軍隊にいるときは、あなたはその命令に従わなければならない**」が正解となります。**接続詞の後ろの SV 省略のルール**をおさえておきましょう。

名詞・冠詞

名詞・冠詞

🔵 **文法用語の説明から** ◎本編に入る前に、まず文法用語に目を通しておきましょう。

用語一覧	解 説
可算名詞（かさんめいし）	数えられる名詞のことです。辞書では Countable「数えられる」の頭文字をとって、Ⓒと表現されます。複数形にしたり、単数を示す a（an）を付けたりすることができます。
不可算名詞（ふかさんめいし）	数えられない名詞のことです。辞書では Uncountable「数えられない」の頭文字でⓊと表現されます。money、water などが不可算名詞です。
抽象名詞（ちゅうしょうめいし）	news「ニュース」や advice「助言」、fun「楽しみ」などの目に見えない名詞のことです。
相互複数（そうごふくすう）	make friends with「〜と仲よくなる」のように、2つのものがかかわり、名詞を複数形で使う表現のことです。
不定冠詞（ふていかんし）	a や an を不定冠詞といいます。名詞の前に置いて、その名詞が単数で数えられる名詞であり、初めて話題にのぼるような、特定されていない名詞に付きます。
定冠詞（ていかんし）	the を定冠詞といいます。a、an の不定冠詞と違って、特定されている名詞に付きます。一度話題にのぼった名詞を再度使うときや、読み手や聞き手との間で共通認識がある名詞に使います。

英文法の見取り図その2　名詞の全体図

　まずおさえるべきは、名詞には大きく分けて① 可算名詞（数えられる名詞）と② 不可算名詞（数えられない名詞）の2種類があることです。① 可算名詞は、books のように複数形の s を付けたり、単数を示す冠詞の a を付けて a book としたりすることができます。

　② 不可算名詞は数えられない名詞の総称ですが、大きく分けてひとまとめで考える名詞、物質名詞、抽象名詞の3種類があります。

・ひとまとめで考える名詞
　money は不可算名詞の代表例ですが、厳密には「お金」ではありません。coin「貨幣」や bill「お札」をすべてひとまとめで考えた「お金全部」という意味です。

・物質名詞
　water「水」や bread「パン」などは物質名詞と言われるもので、基本的には数えない名詞、すなわち不可算名詞に分類されます。

・抽象名詞
　information「情報」や news「ニュース」、advice「助言」などは目に見えない抽象名詞と言われるもので、基本的には数えない名詞、すなわち不可算名詞に分類されます。

第 12 講 不可算名詞の種類

POINT これを覚える！

不可算名詞 ── ① ひとまとめで考える名詞
　　　　　　　② 物質名詞
　　　　　　　③ 抽象名詞

　不可算名詞には、① **ひとまとめで考える名詞**、② **物質名詞**、③ **抽象名詞**の３種類があると、すでに紹介しました。１つずつ具体的に見ていくと、①のグループには、**money**、**furniture**「家具」、**baggage**（**luggage**）「荷物」があります。

　すでに紹介したように、**money** は **coin** と **bill** を合わせた「お金全部」という概念なので、１つ、２つと数えるのではなく、お金全体でどれくらいの量なのかととらえる不可算名詞でした。**furniture** も、厳密には **desk**「机」や **chair**「椅子」など全部をひとまとめで考えた「家具類」という概念なので、家具全体でどれくらいの量なのかととらえる不可算名詞になります。**baggage** も **bag**「バッグ」や **suitcase**「スーツケース」すべてを含めて「荷物全部」という概念なので、数えません。ちなみに **baggage** はアメリカ英語で、イギリス英語では **luggage** です。

　続いて、２つ目は② **物質名詞**です。その素材、物質、液体に着目するので、１つ、２つと数えるのではなく、どれくらいの量があるのかと考える不可算名詞になります。例えば、**water**「水」、**coffee**「コーヒー」、**milk**「牛乳」などの液体系や **bread**「パン」、**paper**「紙」、**chalk**「チョーク」などの素材に着目した物質名詞があります。

　不可算名詞の最後のグループが目に見えない③ **抽象名詞**です。まずは **information**「情報」、**news**「ニュース」、**advice**「助言」などの情報系の単語が抽象名詞で、不可算名詞です。他にも、**fun**「楽しみ」や **work**「仕事」、そこから派生した **homework**「宿題」も抽象名詞で不可算名詞なので、おさえておきましょう。

1 次の単語の中から不可算名詞を３つ選びなさい。

① money
② bag
③ desk
④ furniture
⑤ chair
⑥ baggage

2 次の単語の中から不可算名詞を３つ選びなさい。

① water
② job
③ work
④ book
⑤ phone
⑥ advice

3 次の単語の中から不可算名詞を３つ選びなさい。

① information
② umbrella
③ homework
④ refrigerator
⑤ house
⑥ fun

POINT これを覚える！

	可算名詞	不可算名詞
多い	many	much
少ない	few	little
a、an	○	×
複数形	○	×

✎ 基本例文

① There are **many** books in his room.
彼の部屋には**たくさんの**本がある。
I spent so **much** money last week.
私は先週とても**多くの**お金を使った。
② He has **few** friends.
彼には友達が**ほとんどいない**。
I had **little** money yesterday.
私は昨日**ほとんど**お金が**なかった**。

many も much も「多い」という意味ですが、**many は可算名詞に使って数の多さ**を表し、**much は不可算名詞に使って量の多さ**を表します。例文①の上の文のように、可算名詞 book の「多さ」を示すには many を使います。下の文では不可算名詞 money の「多さ」を示すのに much を使っています。

続いて、few も little も「少ない」という意味ですが、**few は可算名詞に使って数の少なさ**を表し、**little は不可算名詞に使って量の少なさ**を表します。例文②の上の文では、可算名詞 friend の「少なさ」を表すのに few を使います。下の文では不可算名詞 money の「少なさ」を表すのに little を使います。

次に、**単数を示す冠詞の a、an は可算名詞には使いますが、不可算名詞には使いません**。例えば、可算名詞 book を a book と表すことは可能ですが、**不可算名詞の money を a money** とすることは認められません。さらに、**可算名詞は複数形にできますが、不可算名詞は数えないので複数形にはできません**。可算名詞 book を books とはできても、**不可算名詞 information を informations とすることはできません**。

日本語に合うように、空所に適切な語の番号を選びなさい。

1　昨日はたくさんお金を使った。
　　I spent so（　　）money yesterday.
　　① much　　　　　　　② many

2　彼女には友達があまりいない。
　　She does not have（　　）friends.
　　① much　　　　　　　② many

3　このウェブサイトに関する情報はほとんどない。
　　There is（　　）information about this website.
　　① little　　　　　　　② few

4　そのテストを受けている学生はほとんどいなかった。
　　（　　）students took the test.
　　① Little　　　　　　　② Few

5　今日はたくさん宿題がある。
　　I have a lot of（　　）today.
　　① homeworks　　　　② homework

6　私たちは午前中ずっと家具を動かしていた。
　　We were moving（　　）all morning.
　　① a furniture　　　　② furniture

第14講 相互複数の熟語

POINT これを覚える！

① **make friends with** 「〜と仲よくなる」
② **shake hands with** 「〜と握手する」
③ **change trains** 「電車を乗り換える」

基本例文

① Have you **made friends with** your classmates?
あなたはクラスメイト**と仲よくなり**ましたか？
② We **shook hands with** him yesterday.
私たちは昨日彼**と握手した**。
③ You can **change trains** at Tokyo Station.
あなたは東京駅で**電車を乗り換える**ことができる。

　英語の表現の中には、**相互複数という、名詞を複数形で用いた熟語**があります。例えば、「〜と仲よくなる」は、make a friend with とはせずに、① **make friends with** とします。なぜ名詞を複数形で用いるかというと、英語の、**上から俯瞰する視点**が、その理由です。**誰かと仲よくなる行為は1人ではできず、上から俯瞰すると2人の友人が仲よくするものだから**です。

　例文①でも、Have you **made friends with** your classmates?「あなたはクラスメイト**と仲よくなりましたか？**」と **make friends with** が使われています。

　続いて、② **shake hands with** 「〜と握手する」です。これも、**上から俯瞰する視点**を思い浮かべると、**握手の際には手が2つある**ことがわかると思います。例文②のように、We **shook hands with** him yesterday.「私たちは昨日彼**と握手した**」と **shake hands with** が使われています。

　最後が③ **change trains** 「電車を乗り換える」です。これも、自分視点に立つと、電車を乗り換える際には目の前に新しい電車があるだけですが、英語の**上から俯瞰する視点**を想像します。乗り換えの際には、**乗ってきた電車と次に乗る電車の2つ**があります。例文③のように、You can **change trains** at Tokyo Station.「あなたは東京駅で**電車を乗り換える**ことができる」と使います。

日本語に合うように、空所に適切な語の番号を選びなさい。

1 もう近所の人たちと仲よくなりましたか？

Have you made（　　）with your neighbors yet?

① a friend　　　　　② friends

2 私はその人と握手をしたくなかった。

I didn't like to shake（　　）with the man.

① a hand　　　　　② hands

3 あなたは新宿駅で電車を乗り換えられる。

You can change（　　）at Shinjuku Station.

① trains　　　　　② a train

日本語に合うように、空所に適切な英単語を書きなさい。

4 私は昨日彼女と仲よくなった。

I（　　　　　）（　　　　　）（　　　　　）her yesterday.

5 私たちは握手した。

We shook（　　　　　）（　　　　　）each other.

6 次の駅で電車を乗り換えるべきだ。

You should（　　　　　）（　　　　　）at the next station.

不可算名詞を数えるときがある!?

次の日本語を英語に訳してください。

> **Q. お水を1杯もらえますか？**

「水」に関しては water とすぐ思い浮かぶでしょう。この章で学んだように、**water は不可算名詞**です。一方で、**数えられない名詞にもかかわらず「1杯」と表現したいとき**はどうすればよいのでしょうか。その場合は、water の前に a glass of を付けて、**a glass of water「1杯の水」**と表現すればよいのです。この表現は可算名詞である glass「グラス（コップ）」に a が付いているだけなので、問題ありません。よって、「お水を1杯もらえますか？」は、**Could I have a glass of water?** とすればいいのです。このように、**不可算名詞を数えるときに使う表現**がいくつかあるので、以下にまとめます。

> **不可算名詞を数えるときに使う表現**
> **a glass of** water「1杯の水」／ **a cup of** coffee「1杯のコーヒー」
> **a sheet of** paper「1枚の紙」／ **a piece of** chalk「1本のチョーク」

後ろの名詞によって、**a glass of**「1杯の」、**a cup of**「1杯の」、**a sheet of**「1枚の」、**a piece of**「1つの」と使い分けます。**a glass of** は上に挙げたように、**水を入れるグラス**をイメージするとわかるでしょう。**a cup of** も上の例のとおり、**コーヒーカップ**をイメージしてください。**a sheet of** は1枚の紙をイメージします。

最後の a piece of が、実はいろいろな不可算名詞に使える優れモノになります。**a piece of** bread「ひと切れのパン」、**a piece of** cake「ケーキひと切れ」、**a piece of** furniture「家具1点」のように使うことができます。ちなみに、It's **a piece of** cake. とすると、日本語の「朝飯前だよ」と同じように、「**とても簡単だ**」という意味になるので、おさえておきましょう。

続いて**冠詞の説明と問題演習**に進みます。

英文法の見取り図その３ 冠詞の全体図

冠詞は大きく分けて３パターンあります。**a** や **an** を指す**不定冠詞**と、the の**定冠詞**、そして、あえて冠詞を置かない**無冠詞**の用法です。

① 不定冠詞

a や **an** などが不定冠詞です。「不定」の意味からわかるとおり、**その名詞が定まっていない、すなわち初めて話題にのぼるような、特定されていない名詞**に付きます。かつ a（an）は単数であることを示すので、数えない名詞の不可算名詞には付けることができません。**a** ＋ 名詞 で「**ある** 名詞 」と訳すことがあります。

② 定冠詞

the を定冠詞といいます。不定冠詞と違って、「**定まっている**」、**すなわちすでに出てきた、あるいは特定された名詞**に付きます。単数、複数問わず使用でき、可算名詞、不可算名詞の両方に使うことができます。

③ 無冠詞

bed を **go to bed**、school を **go to school**、bus を **by bus** と使ったりなど、特定の表現には、あえて冠詞を付けずに表現するものがあります。名詞を**無冠詞で使う**と、**その名詞の目的を表す**ので、**go to bed**「寝るための場所に行く」＝「寝る」、**go to school**「勉強するための場所に行く」＝「通学する」となります。

不定冠詞の a は、まだ特定されていない名詞や単数を意味することをおさえておきましょう。本編では、入試で出題される **the の用法**と **the の熟語**を紹介します。

第15講 定冠詞（the）の用法

POINT これを覚える！

① the + 比較級 of the two 「２つのうちで〜な方だ」
② 最上級に付ける the
③ 単位の by the 〜
④ the + 形容詞 　　　　　　「〜な人々」

✎ 基本例文

① He is **the taller of the two**.
　彼は**２人のうちで背が高い方**だ。
② Mt. Fuji is **the highest** mountain in Japan.
　富士山は日本で**最も高い**山だ。
③ Rent is paid **by the** month here.
　ここの家賃は**月払い**です。
④ **The strong** must help **the weak.**
　強い人は**弱い人**を助けなければならない。

　名詞に the を付けると、その名詞を特定することができます。例えば、I bought a car. **The car** is so cool.「私は車を買った。**その車**はとても格好いい」では、最初の文の時点では、どの車か定かではないので不定冠詞の a を使います。一方で、２文目の「**その（買った）車は格好いい**」では、**話者が買った車だと特定できる**ので the を使います。

　すると、① **the + 比較級 of the two** 「２つのうちで〜な方だ」で the を使う理由がわかるはずです。例文①では**背が高い方を特定できる**ので the を使います。続いて②は、**最上級に the を付ける**というルールです。例文②の富士山のように、**一番のものはどれか、特定できるもの**になります。

　③ **単位の by the 〜**も、**the の後ろの名詞を特定する役割**で考えます。例文③は家賃の支払いを１週間単位ではなくて、「**月払い**」と特定するために the を使います。

　最後の④は、**the + 形容詞 「〜な人々」**というルールです。これは形容詞の後ろに people が省略されています。例文④のように **The strong** は元々 The strong people なので「**強い人**」、**the weak** は元々 the weak people なので「**弱い人**」になります。

日本語に合うように、空所に適切な語の番号を選びなさい。

1 マイクは2人のうちで年上の方だ。
Mike is (　　　) older of the two.
① a　　　　　　　　　　② the

2 彼らは日給制だ。
They are paid by (　　　) day.
① a　　　　　　　　　　② the

3 この国は弱者には生きづらい。
This country is hard for (　　　) weak.
① a　　　　　　　　　　② the

日本語に合うように、空所に適切な英単語を書きなさい。

4 2つの時計のうち、どちらが安いですか？
Which is (　　　　　) (c　　　　　) of the two watches?

5 私たちは1時間単位で車を借りることができる。
We can rent a car (　　　　　) (　　　　　) (h　　　　　).

6 あなたは高齢者を敬うべきだ。
You should respect (　　　　　) (o　　　　　).

第16講 theを使った重要熟語

POINT これを覚える！

① **catch O by the arm** 「O の腕をつかむ」
② **tap O on the shoulder** 「O の肩を叩く」
③ **look O in the eye** 「O の目を見る」

📝 基本例文

① Someone **caught** me **by the arm**.
　誰かが**私の腕を**をつかんだ。
② He **tapped** me **on the shoulder**.
　彼は**私の肩を叩いた**。
③ She **looked** me **in the eye** then.
　彼女はそのとき**私の目を見た**。

　上の３つの熟語に共通するのは、**V O + 前置詞 + the + 体の部位** という表現です。ポイントは **the を使う**ことで、どこに触れたか、どこを見たかを**特定**するところです。例文①は **catch O by the arm**「O の腕をつかむ」です。by が**経由の by**で「**O を腕を経由してつかむ**」＝「**O の腕をつかむ**」になります。例文①のように、Someone **caught** me **by the arm**.「誰かが**腕を経由して私をつかんだ**」＝「誰かが**私の腕をつかんだ**」となります。catch は take としても、ほぼ同じ意味になります。

　続いて、② **tap O on the shoulder**「O の肩を叩く」です。例文①と大きく異なるのは、動詞が **tap**「（ポンと）叩く」に変わったことと、**前置詞が on に変わった**ことです。これは、「叩く」という行為は、手と肩が【**接触**】するので、**on** を使います。例文②でも、He **tapped** me **on the shoulder**.「彼は**私の肩を叩いた**」と使われています。tap は pat としても、ほぼ同じ意味になります。

　最後が、③ **look O in the eye**「O の目を見る」です。動詞が look になり、前置詞が in に変わりました。「**目の中を覗き込む**」ことから、**前置詞の in** が使われています。例文③でも、She **looked** me **in the eye** then.「彼女はそのとき**私の目を見た**」と使われています。look は「見る」という意味では、look at のように前置詞を使うのが普通ですが、この表現だけは例外的に、目的語を動詞の後ろに直接とれるので、注意しましょう。

日本語に合うように、空所に適切な語の番号を選びなさい。

1 私は彼の腕をつかんだ。

I caught him （　　　）the arm.

① on ② by

2 私の父は、私の肩を叩いた。

My father tapped me on（　　　）shoulder.

① the ② my

3 私は彼女の目を見た。

I looked her （　　　）the eye.

① on ② in

日本語に合うように、空所に適切な英単語を書きなさい。

4 彼女は私の腕をつかんだ。

She（ c　　　）me（　　　　　）（　　　　　）arm.

5 私は娘の肩を叩いた。

I tapped my daughter（　　　　　）（　　　　　）shoulder.

6 彼女は私の目を見た。

She looked me（　　　　　）（　　　　　）eye.

問題

Q.1 可算名詞と不可算名詞とは？

Q.2 不可算名詞の全部ひとまとめで考える名詞の例を 3 つ挙げなさい。

Q.3 不可算名詞の物質名詞の例を 3 つ挙げなさい。

Q.4 不可算名詞の抽象名詞の例を 6 つ挙げなさい。

Q.5 可算名詞、不可算名詞に使う「多い」をそれぞれ挙げなさい。

Q.6 可算名詞、不可算名詞の「少ない」をそれぞれ挙げなさい。

Q.7 不可算名詞の特徴を 2 つ挙げなさい。

Q.8 「〜と仲よくなる」の熟語は？

Q.9 「〜と握手する」の熟語は？

Q.10 「電車を乗り換える」の熟語は？

Q.11 the + 比較級 of the two の意味は？　なぜ比較級の前に the を付ける？

Q.12 「1 か月単位で」を前置詞と冠詞を使って表現しなさい。

Q.13 「若者」、「高齢者」を冠詞を使って表現しなさい。

Q.14 「お金持ち」、「貧しい人」を冠詞を使って表現しなさい。

Q.15 catch O by the arm の意味は？

Q.16 tap O on the shoulder の意味は？

Q.17 look O in the eye の意味は？

解 答

Ⓐ. <u>1</u> 可算名詞は数えられる名詞、不可算名詞は数えられない名詞で量でとらえるもの

Ⓐ. <u>2</u> money「お金全部」、furniture「家具類」、baggage（luggage）「荷物全部」

Ⓐ. <u>3</u> water、coffee、milk、bread、paper、chalkなどから3つ

Ⓐ. <u>4</u> information「情報」、news「ニュース」、advice「助言」、fun「楽しみ」、work「仕事」、homework「宿題」

Ⓐ. <u>5</u> 可算名詞の「多い」はmany、不可算名詞の「多い」はmuchを使う

Ⓐ. <u>6</u> 可算名詞の「少ない」はfew、不可算名詞の「少ない」はlittleを使う

Ⓐ. <u>7</u> 単数を示す冠詞のa、anは付けられない、複数形にできない

Ⓐ. <u>8</u> make friends with

Ⓐ. <u>9</u> shake hands with

Ⓐ. <u>10</u> change trains

Ⓐ. <u>11</u> 「2つのうちで〜な方だ」。一方に特定できるからtheを使う

Ⓐ. <u>12</u> by the month

Ⓐ. <u>13</u> 「若者」がthe young、「高齢者」がthe old（the elderly）

Ⓐ. <u>14</u> 「お金持ち」がthe rich、「貧しい人」がthe poor

Ⓐ. <u>15</u> 「Oの腕をつかむ」

Ⓐ. <u>16</u> 「Oの肩を叩く」

Ⓐ. <u>17</u> 「Oの目を見る」

theは後ろの名詞を「特定する」!?

緑字部分に注意して、次の英文の意味を考えてみてください。

> **Q1. Do you have the time?**

ここでは、the がポイントになります。**the は後ろの名詞を特定する**ことができますが、**名詞が特定される**ということは、the を付けることで、その名詞に**話し手と聞き手の共通認識**が生まれます。上の文にあてはめると、**自分も知っているし相手も知っている時間**なので、「**今の時間**」を意味します。よって、**Do you have the time?** は「**今何時かわかりますか?**」になります。次の文も緑字部分に注意して、意味を考えてみてください。

> **Q2. The earth revolves around the sun.**

「**地球は太陽の周りを回る**」です。earth にも sun にも the を付けますが、なぜ the を付けるのでしょうか。これも実は、the の「共通認識」で説明が付きます。「地球」や「太陽」と言われて、何か迷う人はいないはずです。すなわち、話し手と聞き手に共通認識があるので、「**地球**」、「**太陽**」、「**月**」のような唯一のものには **the** を付けて、**the earth**、**the sun**、**the moon** と表現します。最後の英文も緑字部分に注意して、意味を考えてみてください。

> **Q3. The British are said to be a conservative people.**

「**イギリス人は保守的な人たちだと言われている**」という訳ですが、**The British**「**イギリス人**」の表現をおさえておきましょう。これも実は、**the ＋** 形容詞 「**～な人々**」の表現です。**the British people**「**イギリス人**」の **people** が省略されて **the British** となった表現です。その他にも、「**日本人**」は the Japanese、「**中国人**」は the Chinese とすべて the ＋ 形容詞 のルールが使われています。例外的に、「**アメリカ人**」は **the Americans** と複数形にします。

代名詞

introduction 代名詞

🔵 文法用語の説明から　◎本編に入る前に、まず文法用語に目を通しておきましょう。

用語一覧	解　説
人称代名詞 にんしょうだいめいし	I、you、we、he、she、it、they などを指し、人を意味する固有名詞の代わりに使う代名詞です。
再帰代名詞 さいきだいめいし	人称代名詞の所有格や目的格に -self を付けたものです。myself、yourself、himself などのことです。
指示代名詞 しじだいめいし	this「これ」、that「あれ」、such「そのような（もの）」などのことです。具体的に何かを指し示すときに使用します。
不定代名詞 ふていだいめいし	代名詞の one や、another「もう1つのもの・人」、some「いくつかのもの・人」などのことです。具体的に特定せず、種類だけ同じものを指すことがあります。

英文法の見取り図その4 （ 代名詞の全体図 ）

代名詞は大きく分けて３種類あります。① **人称代名詞**、② **指示代名詞**、③ **不定代名詞**です。人称代名詞の中に、mine などの**所有代名詞**、yourself などの**再帰代名詞**があります。

① 人称代名詞

I や you、we などの、**人を意味する固有名詞の代わりに使う代名詞**です。**it はものを指す以外に、baby や child などを指すことも可能なので、人称代名詞に分類され**ます。人称代名詞の中に **-self の再帰代名詞**があります。himself「彼自身」などのことです。

② 指示代名詞

具体的な何かを指し示す代名詞なので、指示代名詞と言われます。this「これ」、that「あれ」、such「そのような（もの）」などです。

③ 不定代名詞

具体的な何かを特定せずに、**種類だけ同じものを指す代名詞**です。one、another「もう１つのもの・人」、some「いくつかのもの・人」などがこれにあたります。

大学入試で人称代名詞について細かく聞かれることはないので、本編では、実際に入試によく出る**再帰代名詞を使った熟語**から紹介していきます。

POINT　これを覚える！

① **help oneself to**　　　　　　　「～を自由に取って食べる」
② **make oneself understood**　「自分の言うことを理解してもらう」
③ **make oneself heard**　　　　　「自分の声を届かせる」

基本例文

① Please **help** yourself **to** the cake.
　ケーキをご自由にお取りください。
② I **made** myself **understood** in English yesterday.
　昨日、英語で自分の言うことを理解してもらった。
③ He couldn't **make** himself **heard** above the cheers.
　彼は歓声に消されずに、自分の声を届かせることができなかった。

　再帰代名詞を使った頻出の熟語に、① **help oneself to**「～を自由に取って食べる」があります。to は【到達】の意味があるので、直訳すると「自分自身が～に到達するのを助ける」＝「～を自由に取って食べる」となります。例文① Please **help** yourself **to** the cake.「ケーキをご自由にお取りください」のように、**セルフサービスの文脈**で使います。

　続いて、② **make oneself understood**「自分の言うことを理解してもらう」です。make の第5文型 make O C「O を C にする」で、O に oneself、C に understood が入って、「自分自身を理解してもらう」が直訳です。例文② I **made** myself **understood** in English yesterday.「昨日、英語で自分の言うことを理解してもらった」のように、**外国語で話が通じた、通じない**という文脈で使います。

　最後が③ **make oneself heard**「自分の声を届かせる」です。**make oneself understood** と同様に、make の第5文型で、直訳は「自分自身を聞いてもらう」です。例文③のように、He couldn't **make** himself **heard** above the cheers.「彼は歓声に消されずに、自分の声を届かせることができなかった」と**うるさい中で自分の声が通る、通らないという文脈**でよく使われます。

日本語に合うように、空所に適切な語の番号を選びなさい。

1 何でも好きなものを自由にお取りください。

Help（　　　）to whatever you want.

① you ② yourself

2 彼女に私の英語は通じなかった。

I couldn't make myself（　　　）to her in English.

① understand ② understood

3 騒音に消されずに自分の声を届かせるために、私は叫んだ。

I shouted to make myself（　　　）above the noise.

① hear ② heard

日本語に合うように、空所に適切な英単語を書きなさい。

4 よろしければもう１つお取りください。

（　　　　　　）（　　　　　　）（　　　　　　　　）another if you like.

5 彼は騒音のせいで、自分の声を届かせることができなかった。

He couldn't（　　　　　　）（　　　　　　）（　　　　　　　　）because of the noise.

6 私は英語で何とか自分の考えを理解してもらうことができた。

I managed to（　　　　　　）myself（　　　　　　）in English.

第 18 講 oneとitとthatの使い分け

POINT これを覚える！

> ① **one** は前に出てきた名詞と同じ種類のもの
> ② **it** は前に出てきた名詞そのもの
> ③ **that** は名詞の繰り返しを避けて使われるもの

✎ 基本例文

① I have lost my umbrella, so I have to buy a new **one**.
　私は傘をなくしたので、新しい**傘**を買わなければならない。
② He took off his ring and gave **it** to me.
　彼は指輪を外して私にくれた。
③ The average price of beef is higher than **that** of chicken.
　牛肉の平均的な価格は、鶏肉の**価格**より高い。

　前に出てきた名詞の代わりをする代名詞には、① **one**、② **it**、③ **that** があります。まず **one** は、**前に出てきた名詞と同じ種類のもの**を指します。例文①のように、I lost my umbrella, so I have to buy a new **one**.「私は傘をなくしたので、新しい**傘**を買わなければならない」というときには、① **one** を使います。前に出てきた my umbrella そのものではありませんが、「傘」という点では同じ種類なので、**one** を使います。なお、**one は「1つ」という意味があることからも、money などの数えられない不可算名詞の代わりはできないので**、おさえておきましょう。

　一方で、**「なくした傘そのものを見つけた」**のような場合は、② **it** を使います。**it は前に出てきた名詞そのもの**を指します。例文②のように、「指輪を外して、**その指輪そのもの**をあげた」のような場合に **it** を使います。

　ここまでをまとめると、**one は前に出てきた名詞と同じ種類のもの**、**it は前に出てきた名詞そのもの**を指します。最後に紹介する代名詞が③ **that** です。**that は名詞の繰り返しを避けて使われるもの**で、**that of ～「～のそれ」**と使うことが多くなります。例文③の The average price of beef is higher than **that** of chicken.「牛肉の平均的な価格は、鶏肉の**価格**より高い」のように、that が the average price の代わりをしています。**it は that のように後ろに of ～のような修飾語句を置けない**ので、この文では使えません。

日本語に合うように、空所に適切な語の番号を選びなさい。

1 その男性は石を取って、それを投げた。

The man took a stone and threw（　　　）.

① it　　　　　　　　　　② one

2 ペンがない。私に貸してくれますか？

I don't have a pen. Could you lend me（　　　）?

① it　　　　　　　　　　② one

3 ここの気候はハワイの気候に似ている。

The climate here is like（　　　）of Hawaii.

① it　　　　　　　　　　② that

日本語に合うように、空所に適切な英単語を書きなさい。

4 傘をなくした。1本買わなければいけない。

I have lost my umbrella. I must buy（　　　　　　）.

5 東京の人口は大阪の人口より多い。

The population of Tokyo is larger than（　　　　　　）of Osaka.

6 新しい時計を買ったが、昨晩それをなくしてしまった。

I bought a new watch, but lost（　　　　　　）last night.

第19講 2つか3つ以上か

POINT これを覚える！

① 2つ	② 3つ以上
both	all
either	any
neither	none

基本例文

① I have two daughters. **Both of them** live in Tokyo.
私には娘が2人いる。**両方とも**、東京で生活している。

There are two ways, and you can take **either of them**.
2つの道があるので、**どちら**を選んでもよい。

The country produces salt and sugar. **Neither of them** has been exported.
その国は塩と砂糖を産出している。その**どちらも**輸出してい**ない**。

② I have three sons. **All of them** are married.
私には息子が3人いる。**全員**が結婚している。

"Which flavor do you want?" "**Any of them** will do."
「どの味にしますか？」「**どれでも**いいです」

I made three suggestions, but **none** was accepted.
私は3つの提案をしたが、**どれも**受け入れられ**なかった**。

　上に挙げた単語の代名詞用法は、主に **A of ～**「**～の A**」の形で使われて、ときに単独で使われることもあります。**2つを受けて使う表現**には、全部を指す **both**「**両方**」、1つを指す **either**「**どちらでも**」、すべて否定する **neither**「**どちらも～ない**」があります。例文①のように、**two daughters** を受けて「両方」と使うなら **Both of them**、次に **two ways** を受けて「どちらでも」は **either of them**、そして **salt and sugar** を受けて「どちらも～ない」は **Neither of them** とします。

　続いて、**3つ以上を受けて、全部を指す場合**は **all** です。例文②のように、**three sons** を受けて「全員」は **All of them** で表します。続いて、**3つ以上**の **flavor**「**味**」を受けて「**どれでも**」は **Any of them** で表します。最後の **three suggestions** を受けて、「**どれも～ない**」と否定するには **none** で表します。

日本語に合うように、空所に適切な語の番号を選びなさい。

1 子どもたちは2人ともその映画を楽しんだ。

( ) of the children enjoyed the movie.

① Both ② All

2 その2つのアイデアのうち、どちらでもよいでしょう。

( ) of the two ideas will do.

① Any ② Either

3 彼の友人は誰もこの近くに住んでいない。

( ) of his friends live near here.

① Neither ② None

日本語に合うように、空所に適切な英単語を書きなさい。

4 2人の男の子の両方とも私のクラスメイトだ。

( ) of the two boys are my classmates.

5 その3つのアイデアのうち、どれでもよいでしょう。

( )( ) the three ideas will do.

6 私は2つ提案をしたが、どちらも受け入れられなかった。

I made two suggestions, but ( ) was accepted.

POINT これを覚える!

① **one of ～**　　「～の1つ（1人）」
② **each of ～**　　「～のそれぞれ」
③ **some of ～**　　「～の一部」
④ **most of ～**　　「～のほとんど」

基本例文

① **One of** my students gave me a present.
　私の学生の1人が、私にプレゼントをくれた。
② **Each of** the books has three hundred pages.
　それらの本のそれぞれが300ページの長さだ。
③ **Some of** my friends play tennis on Sunday mornings.
　私の友人の一部が毎週日曜日の午前中にテニスをしている。
④ **Most of** the people are aware of the fact.
　ほとんどの人がその事実に気づいている。

　A of ～ 「～のA」という表現は、第19講で学んだ表現以外にも、① **one of ～** 「～の1つ（1人）」、② **each of ～** 「～のそれぞれ」、③ **some of ～** 「～の一部」、④ **most of ～** 「～のほとんど」などがあります。**one of ～** は、「～」に複数名詞を置く必要があります。例文①でも、**One of** my students ～ .「私の生徒の1人が～」と複数形の **students** が置かれていることに注意しましょう。

　②の **each of ～** 「～のそれぞれ」は、「～」の1人ひとりに焦点をあてる表現ですが、each と近い意味の **every of ～** は認められないので、おさえておきましょう。例文②のように、**Each of** the books ～ .「それらの本のそれぞれが～」と使います。③の **some of ～** 「～の一部」は全体の中の一部に焦点をあてる表現です。例文③のように、**Some of** my friends ～ .「私の友人の一部が～」と使います。

　④ **most of ～** 「～のほとんど」は、「～」の大部分に焦点をあてる表現です。most と近い意味の almost of ～ は認められずに、**almost all of ～** 「～のほぼすべて」と表現するので、おさえておきましょう。例文④のように、**Most of** the people ～ .「ほとんどの人が～」と使いますが、most of people のように、of 以下が限定されていない表現は認められません。

日本語に合うように、空所に適切な語の番号を選びなさい。

1 質問の１つは、「あなたはたばこを吸うか？」だ。

One of （　　　） is "Do you smoke?"

① the questions　　　　② the question

2 私たち１人ひとりが環境に責任がある。

（　　　） of us is responsible for the environment.

① Each　　　　② Every

3 客のほとんどが夫婦や恋人同士だ。

（　　　） of the guests are couples.

① Almost　　　　② Most

日本語に合うように、空所に適切な英単語を書きなさい。

4 それらの本の一部はよい出来だ。

（　　　　　）（　　　　　） the books are good.

5 彼は私たちのそれぞれに本をくれた。

He gave a book to （　　　　　）（　　　　　） us.

6 私たちのほとんどが生活のためにお金を稼がなければいけない。

（　　　　　）（　　　　　） us must earn to live.

第 21 講 another と the other

POINT これを覚える！

① another ⇒ 不特定多数から１つ
② the other ⇒ 残りの１つ
③ the others ⇒ 残り複数から全部
④ others ⇒ 残り複数から一部

基本例文

① I don't like this shirt; please show me **another**.
　私はこのシャツが好きではない。**別のもの**を見せてください。
② I have two cars. One is red, and **the other** is blue.
　私は車を２台持っている。１つは赤で、**残りの１つ**は青です。
③ Here are some toys. I'll take three and let you have **the others**.
　ここにおもちゃがある。３つ取るので、**残りすべて**を取っていいよ。
④ Some like coffee, and **others** prefer tea.
　コーヒーが好き**な人もいれば**、紅茶が好き**な人もいる**。

　この４つを区別するポイントは２つで、「**特定されているか不特定か**」と「**単数か複数か**」です。**another** は、**an ＋ other** から成るように、**複数あるもののうち不特定の１つ**です。例文①「私はこのシャツが好きではない。**別のものを見せてください**」のように、**残り複数あるシャツのうち不特定の１つ**なので **another** を使います。**A is one thing, and B is another.**「**A と B とは別のものだ**」も頻出なので、おさえておきましょう。

　② **the other** は **the** からわかるように、**特定されている１つ**、すなわち**残りの１つ**を指すときに使います。例文②「車が２台あって、１つは赤、**残りの１つは青**」のように使います。

　③ **the others** は **the** からわかるように、**特定されている複数**、すなわち**残りの全部**です。例文③「（おもちゃを）３つ取るので、**残りすべてを取っていいよ**」のように、**残りの全部を表すとき**に **the others** を使います。

　④ **others** は、**残り複数あるうちの一部**です。例文④のように、Some 〜 , and others …. 「**〜する人もいれば、…する人もいる**」で使います。

日本語に合うように、空所に適切な語の番号を選びなさい。

1 このネクタイは好きではない。別のものを見せてください。
I don't like this tie; please show me (   ).
① the other   ② another

2 私には娘が2人いる。1人は弁護士で、残りの1人は教師をしている。
I have two daughters. One is a lawyer, and (   ) is a teacher.
① the other   ② another

3 ここに3冊本がある。1冊は小説で、残りの2冊は漫画だ。
Here are three books. One is a novel and (   ) are comic books.
① the other   ② the others

4 野球が好きな人もいれば、サッカーが好きな人もいる。
Some like baseball, and (   ) like soccer.
① the others   ② others

日本語に合うように、空所に適切な英単語を書きなさい。

5 知っていることと教えることは別のことだ。
To know is one thing, and to teach is (   ).

6 夏が好きな人もいれば、冬が好きな人もいる。
(   ) like summer, and (   ) like winter.

問題

Q. _1_　help oneself to の意味は？

Q. _2_　make oneself understood の意味は？

Q. _3_　make oneself heard の意味は？

Q. _4_　代名詞の one と it の違いは？

Q. _5_　代名詞の it と that の違いは？

Q. _6_　代名詞の both と all の違いは？

Q. _7_　代名詞の either と any の違いは？

Q. _8_　代名詞の neither と none の違いは？

Q. _9_　代名詞を使って「〜のそれぞれ」は？

Q. _10_　代名詞を使って「〜のほとんど」は？

Q. _11_　every of の表現は認められる？

Q. _12_　almost of の表現は認められる？

Q. _13_　代名詞の another の特徴は？

Q. _14_　another を使って「AとBとは別のものだ」は何と言う？

Q. _15_　代名詞の the other の特徴は？

Q. _16_　代名詞の the others の特徴は？

Q. _17_　「〜する人もいれば、…する人もいる」は何と言う？

解 答

Ⓐ.<u>1</u>「〜を自由に取って食べる」

Ⓐ.<u>2</u>「自分の言うことを理解してもらう」

Ⓐ.<u>3</u>「自分の声を届かせる」

Ⓐ.<u>4</u> one は前に出てきた名詞と同じ種類のもの、it は前に出てきた名詞そのもの

Ⓐ.<u>5</u> it は修飾語句を後ろに置けない、that は後ろに修飾語句を置ける

Ⓐ.<u>6</u> both「両方」は2つを対象とし、all「全部」は3つ以上が対象

Ⓐ.<u>7</u> either「どちらでも」は2つを対象とし、any「どれでも」は3つ以上が対象

Ⓐ.<u>8</u> neither「どちらも〜ない」は2つを対象とし、none「どれも〜ない」は3つ以上が対象

Ⓐ.<u>9</u> each of 〜

Ⓐ.<u>10</u> most of 〜

Ⓐ.<u>11</u> every は形容詞で、代名詞ではないので認められない

Ⓐ.<u>12</u> almost は副詞で、代名詞ではないので認められない

Ⓐ.<u>13</u> 複数あるもののうち、不特定の1つ

Ⓐ.<u>14</u> A is one thing, and B is another.

Ⓐ.<u>15</u> 残りの1つ

Ⓐ.<u>16</u> 残りの全部

Ⓐ.<u>17</u> Some 〜, and others ….

3単現のsの謎に迫る!!

固有名詞の代わりになる人称代名詞で、**3単現の s** というルールがあります。**主語が3人称で単数**、**かつ現在時制の場合は**、**動詞に s（es）を付ける**というルールでした。

> **My father** lives **in Tokyo.**
> 訳　私の父は東京で暮らしている。

上の例文でも、**My father が3人称**です。**単数で**、**現在時制なので**、**live に -s を付けて lives** になっています。では、この3単現の s のルーツを探ってみましょう。これは元々、古い英語では主語が1人称（I）、2人称（you）、3人称（he など）、1人称複数（we）と、**人称ごとにすべて動詞の語尾が異なっていた**のです。下の表をご覧ください。

時代ごとの主語と動詞の形

主　語	14 世紀	16 世紀	現　代
I	singe	sing	sing
you	singest	singest	sing
he	singeth	sings	sings
we	singe（n）	sing	sing

上の表からわかるとおり、14世紀には、sing「歌う」という動詞は、**I** のときは singe、**you** のときは singest、**he** のときは singeth、**we** のときは singe（n）とすべての主語に対応して、動詞の語尾が変わっていました。16世紀になると、**I** のときは現代と同じ sing、**you** のときは singest、**he** のときに待望の sings が現れます。これが**現代の3単現の s の起こり**とも言うべき表現です。そして、現代において、16世紀の you では singest だったものが sing となって、**3人称単数の he だけが相変わらず sings のままとなっています。要は、元々主語に応じて動詞の語尾が異なるというルールが、3人称単数の場合にだけ残ったのが、3単現の s の正体**です。

第4章

形容詞

第22講 形容詞の使い分け

POINT これを覚える！

	a から始まる形容詞	doing の形容詞
生きている	alive	living
眠っている	asleep	sleeping

📝 基本例文

① She is still **alive**.
　彼女はまだ**生きている**。
　He is one of the greatest **living** artists.
　彼は**現在生きている**最も偉大な芸術家の１人だ。
② Be quiet! The baby is **asleep**.
　静かにして！　赤ん坊が**眠っている**のよ。
　Don't wake up the **sleeping** baby.
　眠っている赤ん坊を起こさないで。

　英語で「生きている」という意味の形容詞は、**alive** と **living** の２つがあります。**alive** は前から名詞を修飾する用法では使うことができません。「**生き物**」は alive creatures とは言わずに、**living** creatures とします。例文①の上の文は、She is still **alive**. で第２文型の文です。C には alive が使われています。一方で下の文は、～ the greatest **living** artists. で「現在**生きている**最も偉大な芸術家」と **living** が artists を前から修飾する用法で使われています。

　「眠っている」という形容詞も、**asleep** と **sleeping** の２つがあります。ここでも **asleep** は C で使う用法で使っており、名詞を前から修飾できません。例文②も、上の文は The baby is **asleep**.「赤ん坊が**眠っている**」は第２文型の文で、C で asleep が使われています。一方で、下の文は～ the **sleeping** baby. と **sleeping** が名詞を前から修飾する用法で使われています。

　まとめると、**a から始まる一部の形容詞**は、名詞を前から修飾できずに、主に C で使います。**alive**、**asleep**、**awake**「目覚めている」、**alike**「似ている」、**aware**「意識している」などは、名詞を前から修飾せずに、主に C で使います。

日本語に合うように、空所に適切な語の番号を選びなさい。

1 私は眠っている赤ん坊を見た。

I looked at my （　　　） baby.

① asleep　　　　　　　　② sleeping

2 すべての生き物は神聖だ。

All （　　　） things are sacred.

① alive　　　　　　　　② living

3 彼は現在生きている最高の作家です。

He is the greatest （　　　） writer.

① alive　　　　　　　　② living

日本語に合うように、空所に適切な英単語を書きなさい。

4 あなたは、彼らの生死を知っていますか？

Do you know whether they are dead or （　　　　　　）?

5 自分の娘がぐっすり眠るまで、彼女はそこにいた。

She stayed there until her daughter fell （　　　　　　）.

6 眠っている赤ん坊を起こさないで。

Don't wake up the （　　　　　　） baby.

POINT　これを覚える！

① **be able to do**　　　　　　「〜できる」
② **be capable of doing**　　　「〜する能力がある」
③ **It is possible for S' to do.**　「S' が〜することは可能だ」

基本例文

① I **am able to** speak three languages.
　私は３カ国語**を話すことができる**。
② She **is capable of** keeping a secret.
　彼女は秘密**を守ることができる**。
③ **It is possible for** me **to** take a day off tomorrow.
　私が明日休み**をとることは可能だ**。

　形容詞を使って「S が〜できる」という表現は、主に３つあります。１つ目は、**able**「可能な」を使った① **be able to do**「〜できる」です。例文① I **am able to** speak three languages.「私は３カ国語**を話すことができる**」と使います。「〜**できない**」の場合は **be unable to do** とします。

　続いて、**capable**「能力のある」を使った② **be capable of doing**「〜**する能力がある**」です。able の熟語と異なり、後ろが **of doing** となることに注意しましょう。例文② She **is capable of** keeping a secret.「彼女は秘密**を守ることができる**」のように使います。機械などが主語になることもあります。否定表現は、**be incapable of doing**「〜**する能力がない**」です。

　最後が、**possible**「可能な」を使って、③ **It is possible for S' to do.** とする表現です。こちらは、上の２つと異なり、人を主語では使わずに**形式主語の** it を置きます。「〜できる」の主語は for S' の形で possible の後ろに置きます。例文③ **It is possible for** me **to take** a day off tomorrow.「**私が**明日休み**をとることは可能だ**」のように使います。to take 〜は形式主語の it を受ける内容で、**不定詞の名詞的用法**です。否定表現は、**It is impossible for S' to do.**「**S'が〜することは不可能だ**」で表します。

日本語に合うように、空所に適切な語の番号を選びなさい。

1 彼は英語を教えられる。

He is (　　　) of teaching English.

① able 　　　　　　　② capable

2 あなたの赤ん坊は歩けますか？

Is your baby (　　　) to walk?

① able 　　　　　　　② capable

3 私たちが車でそこに行くことは可能だ。

It is (　　　) for us to go there by car.

① able 　　　　　　　② possible

日本語に合うように、空所に適切な英単語を書きなさい。

4 私は少し英語が話せます。

I (　　　　　) (　　　　　) (　　　　　) speak a little English.

5 彼女が私に会うことは不可能だ。

It is (　　　　　) (　　　　　) her (　　　　　) see me.

6 彼はチームを率いる力がある。

He is (　　　　　) (　　　　　) leading a team.

第24講 人を主語にして使わない形容詞

POINT これを覚える！

① possible 「可能な」
② convenient 「都合のよい」
③ necessary 「必要な」

📝 基本例文

① It is **possible** for you to read the book in a day.
あなたがその本を1日で読むことは**可能**だ。
② Visit me if it is **convenient** for you.
あなたの**ご都合がよければ**、私の家にお越しください。
③ It is **necessary** for you to prepare for tomorrow's lessons.
あなたが明日の授業の準備をすることは**必要**だ。

第23講で紹介した① **possible**「可能な」は、**人を主語にして使わない形容詞**として有名です。I am possible とは言えずに、**形式主語の it** と**不定詞の主語の for S'** を使って、例文①のように It is **possible** for S' to do.「S'が～することは**可能**だ」と表現します。

続いて、② **convenient**「都合のよい」も**人を主語にして使わない形容詞**です。「私は都合がよい」と言いたいときに、つい、I am convenient としてしまいがちですが、**it や that を主語にして、It（That）is convenient for（to）me.** などと表現します。例文② のように ～ if it is **convenient** for you.「あなたの**ご都合がよければ**、～」と使います。it は状況の it です。

最後に③ **necessary**「必要な」も、**人を主語にして使わない形容詞**です。例文③のように、形式主語の it を使って、It is **necessary** for S' to do.「S' が～することは**必要**だ」と使います。

少し応用の知識になりますが、possible は人を主語にして使えない一方で、**impossible は人を主語にして使う用法**があります。He is **impossible** to get along with.「彼とうまくやっていくことは**不可能**だ」のように、**不定詞の副詞的用法、形容詞修飾**で使うことができます。to get ～ が impossible を修飾して「**うまくやるのは不可能だ**」となります。

078 第4章 形容詞

日本語に合うように、空所に適切な語の番号を選びなさい。

1 あなたはお礼の手紙を書く必要がある。
（　　　　）to write a letter of thanks.
① You are necessary　　　② It is necessary for you

2 私があなたと行くことは可能だ。
（　　　　）to go with you.
① I am possible　　　② It is possible for me

3 ご都合がよろしければ、水曜日に会いましょう。
I will see you this Wednesday if（　　　　）.
① you are convenient　　　② it is convenient for you

日本語に合うように、空所に適切な英単語を書きなさい。

4 あなたがその計画に参加することは必要だ。
（　　　　　）（　　　　　）（　　　　　）for you to join the project.

5 ご都合のよいときに伺いましょう。
I will come when（　　　　　）（　　　　　）（　　　　　）for you.

6 私が彼を教えることは不可能だ。
（　　　　　）is（　　　　　）for me to teach him.

POINT　これを覚える！

① respectful　「尊敬する」
② respectable　「立派な」
③ respective　「それぞれの」

📝 基本例文

① You should be **respectful** of tradition.
あなたは伝統を**尊重す**べきだ。
② He is a **respectable** teacher.
彼は**立派な**先生だ。
③ They went their **respective** ways.
彼らは**それぞれの**道を歩んで行った。

　respect「尊敬」の意味から派生した形容詞は、① **respectful**「尊敬する」と② **respectable**「立派な」です。両者の日本語訳だけを見ても、意味の違いがわからないでしょう。両者の語源を理解すると、意味がはっきりとわかるようになります。単語の後ろに -ful が付くと、【能動】の意味なので、**rescpectful** は「尊敬する」という能動的な表現です。例文①でも、「あなたが伝統を尊敬する」という能動の関係が成り立っています。

　一方で、単語の後ろに -able が付くと、可能の意味もありますが、【受動】の意味もあります。よって、**respectable** の元の意味は、「尊敬」＋【受動】で「尊敬される」＝「立派な」の意味になります。例えば、「**尊敬される**ふるまい」とは、「**立派な**ふるまい」のことです。例文② でも、a **respectable** teacher「**尊敬される**先生」＝「**立派な**先生」になります。

　最後の③ **respective**「それぞれの」は、respect の「尊敬」の意味から派生した単語ではありません。実は、respect には「**点**」という意味があり、そこから派生したのが **respective** なので、「**それぞれの**」になります。例文③ They went their **respective** ways.「彼らは**それぞれの**道を歩んで行った」のように、**respective**「**それぞれの**」という意味で使われています。

日本語に合うように、空所に適切な語の番号を選びなさい。

1 私の友人は立派な医師だ。

My friend is a（　　）doctor.

① respectful　　　　　　　　② respectable

2 彼は両親をもっと尊敬すべきだ。

He should be（　　）to his parents.

① respectful　　　　　　　　② respectable

3 あなたたちのそれぞれの家に帰りなさい。

Go back to your（　　）homes.

① respectful　　　　　　　　② respective

日本語に合うように、空所に適切な英単語を書きなさい。

4 私たちは皆、彼に敬意を表する。

We are all（　　　　　）toward him.

5 彼女は立派な女性だ。

She is a（ r　　　　　）woman.

6 私たちはそれぞれの分野で成功した。

We succeeded in our（ r　　　　　）fields.

POINT これを覚える！

① sensible 「分別のある」
② sensitive 「敏感な・繊細な」
③ economical 「節約する」
④ economic 「経済の」

基本例文

① As you grow older, you will become more **sensible**.
年をとるにつれて、より**分別をもてる**ようになるだろう。
② She is a nervous, **sensitive** child.
彼女は神経質で、**繊細な**子どもだ。
③ A small car is very **economical**.
小型車はとても**燃費がよい**。
④ They adopted a new **economic** policy.
彼らは新しい**経済**政策をとった。

　動詞の sense「感じる」から派生した有名な形容詞は、① sensible「分別のある」です。sense「感じる」＋ -ible「〜できる」から sensible「物事の善悪を感じとれる」＝「分別のある」になります。文脈によって「賢明な」と訳されることもあります。例文① 〜, you will become more **sensible**.「〜、より**分別をもてる**ようになるだろう」と使います。

　名詞の sense「感覚」から派生した有名な形容詞には、**sensitive**「敏感な・繊細な」があります。sense「感覚」＋ -ive「豊富な」＝「敏感な・繊細な」になります。例文②では、She is a nervous, **sensitive** child.「彼女は神経質で、**繊細な**子どもだ」と「繊細な」の意味で使われています。

　続いて、**economical**「節約する」です。元々 economy に「節約」という意味があり、そこから派生した形容詞です。例文③ A small car is very **economical**.「小型車はとても**燃費がよい**」のように、**車などに使われる**と「浪費しない」という意味になります。

　最後が、economy「経済」の意味から派生した形容詞の **economic**「経済の」です。例文④ 〜 a new **economic** policy.「新しい**経済**政策を〜」のように使います。

日本語に合うように、空所に適切な語の番号を選びなさい。

1 あなたはもっと彼女の気持ちに敏感になるべきだ。

You should be more (　　) to her feelings.

① sensitive　　　　　② sensible

2 私の母は分別のある女性だ。

My mother is a (　　) woman.

① sensitive　　　　　② sensible

3 あなたはお金をもっと節約すべきだ。

You should be more (　　) with money.

① economic　　　　　② economical

日本語に合うように、空所に適切な英単語を書きなさい。

4 これは、その問題への賢明な取り組み方だ。

This is a (s　　　　) approach to the problem.

5 彼女は、本当に繊細な人だ。

She is really a (s　　　　) person.

6 その経済戦略は成功するだろう。

The (　　　　　) strategy will be successful.

第27講 区別が必要な形容詞 ③

POINT これを覚える！

① imaginary 「想像上の」
② imaginable 「想像できる」
③ imaginative 「想像力に富んだ」

基本例文

① A unicorn is an **imaginary** animal.
ユニコーンは、**想像上の**動物だ。
② I tried every **imaginable** method.
私は**想像できる**すべての方法を試した。
③ He is an **imaginative** writer.
彼は**想像力に富んだ**作家だ。

imagine「想像する」から派生した形容詞には、① **imaginary**「想像上の」、② **imaginable**「想像できる」、③ **imaginative**「想像力に富んだ」があります。それぞれ丸暗記だけではあっという間に忘れてしまう知識なので、1 つひとつその語源や具体的な用法を学習していきましょう。

imagine「想像する」から一番ストレートに派生した形容詞が、① **imaginary**「想像上の」です。例文① A unicorn is an **imaginary** animal.「ユニコーンは、想像上の動物だ」のように、**想像上の生き物**や、幼い子どもが描く**想像上の友達**のような表現で使います。

続いて、imagine + -able「〜できる」＝② **imaginable**「想像できる」です。例文② I tried every **imaginable** method.「私は想像できるすべての方法を試した」のように、**想像できる方法**、**想像できる状況**のような表現で使います。

最後が imagine + -ive「〜に富んだ」＝③ **imaginative**「想像力に富んだ」です。例文③ He is an **imaginative** writer.「彼は想像力に富んだ作家だ」のように、**想像力に富んだ人**、**想像力に富んだ物語**のように使います。

日本語に合うように、空所に適切な語の番号を選びなさい。

1 彼の世界は、想像上の友達で一杯だった。

His world was full of (　　) friends.

① imaginary　　　　　　② imaginable

2 これは想像力に富んだ小説だ。

This is an (　　) novel.

① imaginary　　　　　　② imaginative

3 彼は考えられるあらゆる状況に対処できる。

He can deal with any (　　) situation.

① imaginable　　　　　　② imaginative

日本語に合うように、空所に適切な英単語を書きなさい。

4 子どもたちは想像力に富んだ物語を思いつくものだ。

Children can think of (　　　　　) stories.

5 多くの幼児に想像上の友達がいる場合が多い。

Many young children tend to have (　　　　　) friends.

6 これは想像できる最高のシナリオだ。

This is the best (　　　　　) scenario.

第28講 数量を表す形容詞

POINT これを覚える！

ほとんど〜ない	few（可算名詞）	little（不可算名詞）
ごくわずかしか〜ない	very few	very little
少しある	a few	a little
かなり多くの	quite a few	quite a little
ほんの少ししか〜ない	only a few	only a little

基本例文

① **Very few** people turned up last night.
昨晩は**ごくわずかの人しか**来**なかった**。

② I have **a few** questions for you.
あなたに**少し**質問があります。

③ There were **quite a few** men at the party.
そのパーティには、**かなり多くの**男性がいた。

④ There are **only a few** books in his room.
彼の部屋には**ほんの少ししか**本が**ない**。

　第13講で**可算名詞の「少ない」を表すには few、不可算名詞の「少ない」を表すには little** を使うと学びました。今回はその応用です。**few「ほとんど〜ない」**という否定表現を very で強めると、①**very few「ごくわずかしか〜ない」**と否定の意味が強まります。例文① **Very few** people turned up last night.「昨晩は**ごくわずかの人しか来なかった**」のように使います。続いて、few に a が付くと**肯定**の意味になり、②**a few「少しある」**となります。例文② I have **a few** questions for you.「あなたに**少し質問があります**」のように使います。

　a few で「**少しある**」と肯定表現なので、quite で強めると③**quite a few「かなり多くの」**と肯定の意味が強調されます。例文③ There were **quite a few** men at the party.「そのパーティには、**かなり多くの男性がいた**」と使います。最後に、a few で肯定ですが、**否定語の only「〜しかない」**が付くと④**only a few「ほんの少ししか〜ない」**と否定表現になります。例文④のように There are **only a few** books in his room.「彼の部屋には**ほんの少ししか本がない**」と使います。

日本語に合うように、空所に適切な語の番号を選びなさい。

1 彼女にはほとんど選択肢がないかもしれない。

There may be （　　　） options open to her.

① little ② few

2 数日後に彼と会うことになっている。

I will see him in （　　　） days.

① a few ② few

3 空いている席はほんの少ししかなかった。

（　　　） seats were vacant.

① Quite a few ② Only a few

日本語に合うように、空所に適切な英単語を書きなさい。

4 その事実に気づいている人はほとんどいない。

（　　　　　　　） people notice the fact.

5 私がそこに行かない、かなり多くの理由がある。

There are （　　　　　）（　　　　　　）（　　　　　　　） reasons why I
don't go there.

6 パーティにはごくわずかの人しか来なかった。

（　　　　　）（　　　　　　） people came to the party.

問 題

Q.1 alive「生きている」などのaから始まる形容詞の特徴は？

Q.2 「生きている」を表すalive以外の単語は？

Q.3 asleepとsleepingをどう使い分ける？

Q.4 ableとcapableを使って「〜できる」はどう表す？

Q.5 possibleを使って「〜できる」はどう表す？

Q.6 人を主語にして使わない形容詞を3つ挙げなさい。

Q.7 respectful、respectable、respectiveの意味は？

Q.8 sensible、sensitiveの意味は？

Q.9 economic、economicalの意味は？

Q.10 imaginary、imaginable、imaginativeの意味は？

Q.11 fewとlittleの意味と違いは？

Q.12 very fewの意味は？

Q.13 a fewの意味は？

Q.14 quite a fewの意味は？

Q.15 only a fewの意味は？

A. <u>1</u> 名詞を前から修飾できない

A. <u>2</u> living「生きている」

A. <u>3</u> asleepはCで使って、sleepingは名詞を前から修飾する用法で使う

A. <u>4</u> be able to do「～できる」とbe capable of doing「～する能力がある」

A. <u>5</u> It is possible for S' to do.「S' が～することは可能だ」

A. <u>6</u> possible「可能な」、convenient「都合のよい」、necessary「必要な」

A. <u>7</u> respectful「尊敬する」、respectable「立派な」、respective「それぞれの」

A. <u>8</u> sensible「分別のある」、sensitive「敏感な・繊細な」

A. <u>9</u> economic「経済の」、economical「節約する」

A. <u>10</u> imaginary「想像上の」、imaginable「想像できる」、imaginative「想像力に富んだ」

A. <u>11</u> 意味は「ほとんど～ない」。fewは可算名詞、littleは不可算名詞に使う

A. <u>12</u> very few「ごくわずかしか～ない」

A. <u>13</u> a few「少しある」

A. <u>14</u> quite a few「かなりある」

A. <u>15</u> only a few「ほんの少ししか～ない」

第4章 形容詞

役割で意味が異なる形容詞

> **Q1. 次の下線部は①、②どちらの意味になるでしょう。**
> **They will be <u>present</u> at the wedding next week.**
> ① 現在の　　　　　　　② 参加している

　形容詞には、主に２つの役割があります。１つが、**名詞を修飾する役割**で、もう１つが**補語で使用する役割**です。形容詞の中には、名詞を修飾する場合と、補語で使用する場合に意味が異なるものがあります。例えば、**present は名詞を修飾する場合**は「現在の」という意味で、**補語で使用する場合**は「出席して（参加して）」の意味になります。上の問題では、be の後ろで、補語で使用されており、「出席して（参加して）」の意味になるので、**②が正解**です。問題文の訳は「彼らは来週の結婚式に参加するだろう」という意味になります。

　次の問題に進みましょう。

> **Q2. 次の下線部は①、②どちらの意味になるでしょう。**
> **You can travel abroad under <u>certain</u> conditions.**
> ① ある種の　　　　　　② 確かな

　certain も、**名詞を修飾する場合**は「ある種の」という意味で、**補語で使用する場合**は「確かな」の意味になります。上の問題では、certain が conditions を修飾しているので、「ある種の」の意味になり、**①が正解**になります。問題文の訳は「あなたはある条件を満たせば、海外旅行できる」という意味です。

　まとめると、**present は名詞を修飾する場合**は「現在の」、**補語で使用する場合**は「出席して」、**certain は名詞を修飾する場合**は「ある種の」、**補語で使用する場合**は「確かな」の意味になります。

第5章

副　詞

introduction

副　詞

英文法の見取り図その5　副詞の役割

副詞の役割
① 動詞を修飾する
② 形容詞を修飾する
③ 副詞を修飾する
④ 文を修飾する

基本例文

① You should speak **clearly**.
あなたは**はっきりと**話すべきだ。
② Mt. Fuji is **clearly** visible from this room.
この部屋から富士山が**はっきりと**見える。
③ My daughter swims **very** well.
私の娘は泳ぐのが**とても**上手だ。
④ **Clearly**, he tells a lie.
明らかに彼はうそを言っている。

　副詞の役割は、① 動詞を修飾する、② 形容詞を修飾する、③ 副詞を修飾する、④ 文を修飾するです。名詞以外を修飾すると言ってもよいでしょう。① のパターンは、例文①のように、動詞の後ろに置いて speak **clearly**「はっきりと話す」とします。

　ちなみに、形容詞の clear「明らかな」に -ly が付くと副詞の clearly「はっきりと」になるように、**-ly の単語は副詞になることが多くなります**。例外は名詞に -ly が付いた場合です。friend「友達」に -ly が付いた **friendly は形容詞で「友好的な」**という意味になります。

　副詞の役割に戻ると、② 形容詞を修飾するパターンは、例文②のように形容詞を後ろに置いて、**clearly** visible「はっきりと見える」と使います。

　③は副詞が**副詞を修飾する**パターンです。例文③のように、副詞を後ろに置いて **very** well「とても上手だ」と使います。

最後が④ 副詞が**文を修飾する**パターンです。例文④のように、文頭に置いて**後ろの文を修飾**します。

次に、副詞には yesterday のような時を表す副詞、here などの場所を表す副詞などがありますが、**頻度を表す副詞**を紹介します。

🔎 英文法の見取り図 その6 〔 頻度を表す副詞 〕

（100%）always「いつも」⇒（80%）usually「たいていは」⇒（60%）often「よく」⇒（50%）sometimes「時々」⇒（20%）rarely（seldom）「めったに〜しない」⇒（0%）never, not「一度も〜ない」

✎ 基本例文

① She **always** walks to school.
　彼女は**いつも**歩いて通学する。

② I **usually** get up early in the morning.
　私は**たいていは**朝早く起きる。

③ He **often** comes to see us.
　彼はよく私たちの元を訪ねてくる。

④ I **sometimes** hear from my father.
　私は**時々**父から便りがある。

⑤ I **seldom** see them.
　私は**めったに**彼らに会わ**ない**。

⑥ She **never** gets up early.
　彼女は**一度も**早起きし**ない**。

パーセンテージはあくまで目安ですが、**always**「いつも」を 100% とします。**always** よりやや頻度が落ちるのが **usually**「たいていは」で 80% 程度、**often**「よく」は 60% 程度の頻度になります。

sometimes「時々」は中程度で、およそ 50% 程度を目安とします。**rarely** や **seldom** は、「めったに〜しない」と 20% 程度を表します。0% になると **never**「一度も〜ない」になります。

POINT これを覚える！

① home	「家に」
② abroad ／ overseas	「海外に」
③ downtown	「繁華街に」

基本例文

① She came **home** late last night.
　彼女は昨晩遅くに**家に**帰った。
② I often travel **abroad** with my family.
　私は家族と**海外**旅行によく行く。
③ I have to go **downtown** later.
　私はあとで**繁華街に**出かけなければならない。

　名詞と間違えやすい副詞には、① home「**家に**」、② abroad「**海外に**」、③ downtown「**繁華街に**」などがあります。特に home には、in my home「私の家で」のように名詞で使う用法もあるので、間違えやすい単語です。しかし、「**家に帰る**」などの表現で home を使う際には副詞で使うので、go to home や come to home と前置詞の後ろには置きません。副詞なので動詞の直後に置いて **go home**、**come home** とします。

　ちなみに、**go home** は「**家に向かって出発する**」ときに使い、**come home** は「**家に到着する**」ときに使います。例文① came **home** late「遅くに家に帰った」のように使い、**came to home とはしない**ように注意しましょう。

　続いて、② **abroad**「**海外に**」も副詞なので要注意です。「**海外に行く**」を go to abroad としてはいけません。**abroad は副詞**なので動詞の直後に置いて、**go abroad** とします。同様に、**study abroad**「**留学する**」、**travel abroad**「**海外旅行をする**」をおさえておきましょう。

　最後が③ **downtown**「**繁華街に**」です。例文③ 〜 have to go **downtown**.「〜**繁華街に**出かけなければならない」のように、**副詞なので動詞の直後に置いて go downtown**「**繁華街に行く**」と使います。

日本語に合うように、空所に適切な語の番号を選びなさい。

1 今日は家にいる予定だ。

I am going to stay（　　　）today.

① home　　　　　　　　② at home

2 私は大学生の頃、留学していた。

I studied（　　　）when I was in college.

① to abroad　　　　　② abroad

3 繁華街に行く一番よい方法は何ですか？

What is the best way to（　　　）downtown?

① go　　　　　　　　　② go to

日本語に合うように、空所に適切な英単語を書きなさい。

4 私はいつか海外で生活したい。

I want to（　　　　　）（　　　　　　　）someday.

5 私たちは今家に帰ってもよいですか？

Can we（ g　　　　）（　　　　　　）now?

6 昨日家族と繁華街に出かけた。

I（　　　　　）（　　　　　　　）with my family yesterday.

第30講 -lyが付くと意味が異なる副詞

POINT これを覚える！

① **hard**　「熱心に」⇒ hardly「ほとんど〜ない」
② **late**　　「遅い」　⇒ lately「最近」
③ **near**　「近くに」⇒ nearly「ほとんど」

基本例文

① I could **hardly** sleep last night.
　　私は昨晩**ほとんど**眠れ**なかった**。
② Have you seen her **lately**?
　　あなたは**最近**彼女に会いましたか？
③ He has **nearly** finished his homework.
　　彼は**ほとんど**宿題を終えたところだ。

　-ly が付くと意味が異なる単語を紹介します。hard「熱心に」に -ly が付くと、①**hardly**「**ほとんど〜ない**」と否定語になります。hard には「難しい」という意味もあるので、「**〜するのが難しい**」⇒「**ほとんど〜できない**」⇒「**ほとんど〜ない**」になりました。例文①のように I could **hardly** sleep last night.「私は昨晩**ほとんど**眠れ**なかった**」と **hardly** で否定の意味を作り出すことができます。

　続いて、late「遅い」に -ly が付くと、②**lately**「**最近**」の意味になります。現在完了の文と一緒によく使われて、例文② Have you seen her **lately**?「あなたは**最近**彼女に会いましたか？」のように、「**最近〜しましたか？**」と使うことがあります。late の派生語には、時間の観点で later「あとで」、latest「最新の」、そして順序の観点で latter「後者の」、last「最後の」などがあります。

　最後に、near「近くに」に -ly が付くと、③**nearly**「**ほとんど**」になります。near の「**何かに近い**」から「**ほとんど**」となりました。例えば、「500 ドルに近い」＝「ほぼ 500 ドル」になります。例文③ He has **nearly** finished his homework.「彼は**ほとんど**宿題を終えたところだ」のように使います。

練 習 問 題 ゼロからわかる英文法ドリル

日本語に合うように、空所に適切な語の番号を選びなさい。

1 私は最近体重が減った。
  I have lost weight (   ).
  ① lately   ② later

2 私はあなたの手紙がほとんど読めない。
  I can (   ) read your letter.
  ① hard   ② hardly

3 そこに着くのに、ほぼ3時間かかった。
  It took (   ) three hours to get there.
  ① near   ② nearly

日本語に合うように、空所に適切な英単語を書きなさい。

4 私は彼の言うことがほとんど聞こえなかった。
  I could (h   ) hear him.

5 彼女はほとんどいつも正しい。
  She is (n   ) always right.

6 あなたは最近親に会いましたか？
  Have you seen your parents (l   )?

第**31**講 注意すべき副詞

POINT これを覚える！

① **as、so、too** は、 副詞・形容詞・冠詞・名詞 の語順にする
② 接続副詞は、 文頭・文中・文尾に置く
③ **almost** は、一部の名詞を後ろに置ける

✎ 基本例文

① She is **as good a writer** as her father.
　彼女は、父親と**同じくらいよい作家**だ。
② Air travel is fast; train travel is, **however**, reasonable.
　空の旅は速い**が**、列車の旅は費用が手ごろだ。
③ **Almost** everybody here uses bicycles for transportation.
　ここの**ほとんどみんな**が移動の際に自転車を使う。

副詞は、通常は名詞を修飾することはできません。よって、例えば副詞の as で a good writer を修飾する際に、as a good writer とすることはできません。一方で、**副詞は形容詞を修飾することは可能**なので、例文①のように、形容詞 good が前に出てきて、**as good a writer** という語順になります。副詞の as は、**比較表現の as ～ as の先頭の as** を指しますが、その他にもこのように、 副詞・形容詞・冠詞・名詞 の語順になるのは **so と too** などがあるので、おさえておきましょう。

続いて、**however**「しかしながら」、**therefore**「したがって」、**nevertheless**「それにもかかわらず」などの②接続副詞があります。but、because などの接続詞と違って、文と文をつなぐことはできません。一方で、**接続副詞は、文頭、文中、文尾に置くことが可能なものがあります**。例文②のように **however、nevertheless** はこの３か所に置くことができて、**therefore** は**文頭と文中**に置くことができます。

最後に③ **almost**「ほとんど」が注意すべき副詞になります。**副詞なので名詞を直後に置くことができず、almost people のような表現は認められません**。almost を使って「ほとんどの人」と言いたいときには、形容詞の all を挟んで、**almost all people** のように表現します。一方で、例文③のように **Almost** everybody のような表現は、**almost が形容詞の every を修飾している**と判断して、「**ほとんどみんな**」と問題なく使える表現になります。

練/習/問/題 ゼロからわかる英文法ドリル

日本語に合うように、空所に適切な語の番号を選びなさい。

1 したがって、彼が1等になったのは驚きではない。
   It is not surprising, (   ), that he won first prize.
   ① because   ② therefore

2 彼はマイクと同じくらいよい俳優だ。
   He is as (   ) as Mike.
   ① a good actor   ② good an actor

3 彼らはほとんどすべてのものを売った。
   They sold (   ) everything.
   ① all   ② almost

日本語に合うように、空所に適切な英単語を書きなさい。

4 これは、あの本と同じくらいよい本だ。
   This is as (   ) (   ) book as that.

5 しかしながら、私ははっきりとした約束はしなかった。
   I did not, (   ), make a definite promise.

6 ほぼ全員がそのパーティに招待された。
   (   ) (e   ) was invited to the party.

問題

Q. 1 comeを使って「帰宅する」は何と言う？

Q. 2 英語で「海外に行く」は何と言う？

Q. 3 英語で「留学する」は何と言う？

Q. 4 英語で「海外旅行する」は何と言う？

Q. 5 hardlyの意味は？

Q. 6 latelyの意味は？

Q. 7 nearlyの意味は？

Q. 8 as 〜 asの〜にa good writerを入れると、どんな語順になる？

Q. 9 接続副詞と接続詞との違いは？

Q. 10 howeverの意味は？

Q. 11 thereforeの意味は？

Q. 12 neverthelessの意味は？

Q. 13 almostを使って「ほとんどの人」は何と言う？

Q. 14 almostを使って「ほとんどすべてのもの」は何と言う？

解答

A.1 come home となる。come to home としないように注意する

A.2 go abroad

A.3 study abroad

A.4 travel abroad

A.5 「ほとんど〜ない」

A.6 「最近」

A.7 「ほとんど」

A.8 as good a writer as. 副詞は名詞を修飾できないので、形容詞の good が前に出る

A.9 接続副詞は文頭、文中、文尾に置けるものがあるが、接続詞と違って文と文をつなぐことはできない

A.10 「しかしながら」

A.11 「したがって」

A.12 「それにもかかわらず」

A.13 almost all people、almost everybody、almost everyone

A.14 almost everything

副詞の位置に注意する!!

　副詞の位置は比較的自由で、文頭に置かれたり、動詞の前に置かれたり、文の一番最後に置かれたりします。いくつかのルールを知っていると便利なので、ここで紹介します。まずは、次のクイズに答えてください。

> **Q1. 次の文に usually を入れるとしたら、どこに入れる？**
> **I go for a walk on Sunday.**
> ① I と go の間　　　　　② Sunday の後ろ

　usually「たいていは」という頻度を表す副詞の位置が問題になっています。**頻度を表す副詞は、be 動詞の後ろ、一般動詞の前、助動詞の後ろ**というルールにのっとると、**①が正解**になります。しかし、この複雑なルール、もう少し何とかならないものでしょうか。

　次のクイズに進みます。

> **Q2. 次の文に do not を入れるとしたら、どこに入れる？**
> **I go for a walk on Sunday.**
> ① I と go の間　　　　　② Sunday の後ろ

　こちらは、当然①とすぐにわかるでしょう。Q1 と同じ答えになりますが、実は**頻度を表す副詞の代表例が not** になるのです。よって、これから**頻度を表す副詞の位置で迷ったら、not と同じ位置!** と覚えておけば、もう迷わなくなるのでおすすめです。

　頻度を表す副詞を以下に再掲します。

> （100%）always「いつも」⇒（80%）usually「たいていは」⇒（60%）often「よく」⇒（50%）sometimes「時々」⇒（20%）rarely（seldom）「めったに〜しない」⇒（0%）never、not「一度も〜ない」

前置詞

前置詞

文法用語の説明から ◎本編に入る前に、まず文法用語に目を通しておきましょう。

用語一覧	解　説
前置詞（ぜんちし）	at、on、in などのように、**名詞の前に置かれる言葉**です。前置詞の後ろは名詞か動名詞が置かれます。
抽象名詞（ちゅうしょうめいし）	information「情報」、advice「助言」、fun「楽しみ」などの**目に見えない名詞**のことをいいます。

英文法の見取り図その7　前置詞の核①

① at　⇒ 点
② on　⇒ 接触
③ in　⇒ 包囲
④ from ⇒ 起点
⑤ to　⇒ 矢印

　前置詞は、その核を覚えることで、細かい用法をまとめて覚えることができます。例えば、① at の核は【点】です。点のイメージから、**時刻の at**、**場所の at** などの用法が広がります。時刻に **at** を使うのは、時計の針が指す先を「点」としてとらえるからで、場所に **at** を使うのは、地図上の1点をイメージしているからです。

　続いて、② on の核は【接触】です。接触のイメージから、**信頼の on**、**根拠の on** などに広がり、**depend on**「〜に頼る」、**be based on**「〜に基づいている」などの表現につながります。

　そして、③ in の核は【包囲】です。包囲のイメージから、**方角の in**、**状態の in**、**着用の in** などに広がります。**in the west**「**西の方角から**」、**in good health**「**体の調子がよい**」、**in blue**「**青い服を着て**」のような表現があります。

次は、④ **from** で【起点】です。起点のイメージから、**出発点の from**、**原料の from**、**分離の from** などの用法が生まれます。**from A to B**「A から B まで」、**be made from**「〜でできている」、**prevent O from doing**「O が〜するのを妨げる」などの表現があります。

最後が⑤ **to** で、核は【矢印】になります。矢印のイメージから、**終点の to**、**方向の to**、**to one's 感情名詞** などの用法が生まれます。すでに紹介した、**from A to B**「A から B まで」、**on one's way to**「〜の途中で」、**to my surprise**「(私が) 驚いたことに」などの表現があります。

📍 英文法の見取り図 その7　　　前置詞の核②

```
⑥ for   ⇒ 方向
⑦ of    ⇒ つながり
⑧ with  ⇒ 対立
```

前置詞の核の続きです。⑥ **for** は【方向】が核になります。方向に前向きな気持ちが加わった**賛成の for**、方向に欲しい気持ちが加わる**追求の for** などがあります。Are you **for** the plan?「あなたはその計画に**賛成**ですか?」や **ask A for B**「A に B を求める」などの表現があります。

続いて、⑦ **of** の核は【つながり】です。元々つながっていたものが離れる**分離の of**、つながっていたものを奪う**略奪の of** などがあります。**become independent of**「〜から自立する」、**rob A of B**「A から B を奪う」などの表現があります。

最後の⑧ **with** は出発点が【対立】です。そこから**所有の with**、**道具の with** などの用法が生まれます。**get angry with**「〜に腹を立てる」、a house **with** a pool「プール**付き**の家」、cut meat **with** a knife「**ナイフを使って**肉を切る」のような表現があります。

POINT これを覚える！

① 時刻の at
② 場所の at
③ 対象の at
④ 感情対象の at

基本例文

① School begins **at** 8:30.
学校は8時30分から始まる。
② I was **at** the station then.
私はそのとき駅にいた。
③ No one laughed **at** his joke.
誰も彼の冗談に笑わなかった。
④ I was surprised **at** the news.
私はそのニュースに驚いた。

　前置詞の at の核は【点】です。①の**時刻の at** は、**時計の針が指す先を【点】としてとらえる**ので、at を使います。例文① School begins **at** 8:30.「学校は8時30分から始まる」のように使います。他にも **at night**「夜に」なども、**時刻の at** です。「午前中」はさまざまな行動をして時間の幅が意識されるので in the morning としますが、「夜」は**体を休めて寝る時間帯なので、変化のない【点】のイメージで** at を使うと言われています。

　続いて、② **場所の at** です。**地図上の一点を指すイメージから at** を使います。例文② I was **at** the station then.「私はそのとき駅にいた」のように使います。in the station とすると、同じ「駅にいる」でも駅の構内にいることを意味します。

　次は、③ **対象の at** です。**laugh at**「〜を笑う」、**look at**「〜を見る」、**smile at**「〜に微笑む」のように使います。What are you **getting at**? とすると「**あなたは何を狙いとしているの？**」＝「**あなたは何を言おうとしているの？**」になります。

　最後の④ **感情対象の at** は、例えば **be surprised**（amazed、astonished）**at**「〜に驚く」のような強めの**感情の対象**に使います。

日本語に合うように、空所に適切な語の番号を選びなさい。

1 私は友人たちに笑われた。

I （　　　） by my friends.

① was laughed at　　　② was laughed

2 彼は空港で財布をなくした。

He lost his wallet （　　　） the airport.

① on　　　　　　② at

3 夜、よく眠れない。

I can't sleep well （　　　）.

① at the night　　　② at night

日本語に合うように、空所に適切な英単語を書きなさい。

4 私はたいてい朝7時に起きる。

I usually get up （　　　　　）（　　　　　） in the morning.

5 私はその結果に本当に驚いた。

I was just （ a　　　）（　　　　） the result.

6 あなたは何を言おうとしているの？

What are you （　　　　）（　　　　）?

POINT これを覚える!

① 信頼の on
② 根拠の on
③ 曜日・日付の on

✎ 基本例文

① All of us **depend on** him.
　私たち全員が彼**を頼り**にしている。
② His talk **is based on** a true story.
　彼の話は実話**に基づい**ている。
③ She is always at work **on** Saturdays.
　彼女は土曜**は**いつも仕事をしている。

on の核は【接触】です。例えば、There is a new book **on** the desk. 「机の上に新しい本がある」、The picture is **on** the wall.「その絵は壁にかかっている」、There is a fly **on** the ceiling.「天井にハエが止まっている」のように、**上でも横でも下でも、【接触】していれば on** を使って表します。

on の【接触】から、人と人との接触へと広がり、① **信頼の on** という用法が生まれます。例文①のように **depend on**、**rely on**、**count on** はすべて「〜に頼る」、「〜に依存する」の意味になります。**depend on** は、「〜次第だ」という意味で使うことも多いので、おさえておきましょう。

続いて、ものの土台になっているイメージから、② **根拠の on**「〜に基づいて」という用法が生まれます。例文②のように、**be based on**「〜に基づいている」と使います。他にも、**根拠の on** + **purpose**「目的」で、**on purpose**「目的に基づいて」=「わざと」があります。

最後が、**根拠の on** から派生した③ **曜日・日付の on** です。日曜日は休みだったり、12 月 25 日はクリスマスだったり、人は**曜日や日付に基づいて行動する**ので、**on** を使います。例文③ She is always at work **on** Saturdays.「彼女は土曜**は**いつも仕事をしている」のように使います。「毎週○曜日」とするときは、複数形にして使うことも、おさえておきましょう。

日本語に合うように、空所に適切な語の番号を選びなさい。

1 彼女はわざと倒れてみせた。

She fell（　　　）purpose.

① to　　　　　　　　　　② on

2 あなたの成功はあなたの努力次第だ。

Your success（　　　）on your effort.

① depends　　　　　　　② drives

3 そのパーティは、2月2日に開催された。

The party was held（　　　）February 2nd.

① on　　　　　　　　　　② off

日本語に合うように、空所に適切な英単語を書きなさい。

4 日本は中東の石油に依存している。

Japan（r　　　　　）（　　　　　　　　）oil from the Middle East.

5 その本はある実話に基づいている。

The book is（　　　　　）（　　　　　　　　）a true story.

6 私たちは毎週日曜日に教会へ行く。

We go to church（　　　　　）（　　　　　）.

POINT これを覚える！

```
① 方角の in
② 状態の in
③ 着用の in
④ 時の経過の in
```

✎ 基本例文

① The sun rises **in** the east.
太陽は東**から**昇る。
② I am **in** good health.
私は体の調子**が**よい。
③ You look nice **in** blue.
あなたは青い服**が**似合う。
④ I will be back **in** five minutes.
私は5分後**に**戻ってくるよ。

　in の核は【包囲】です。例えば、「太陽は**東から**昇る」と言いたいとき、The sun rises from the east. とせずに、例文①のように The sun rises **in** the east. とします。① **方角の in** という用法ですが、英語を使う人たちは方角を示すときに、空間に包まれたエリアをイメージします。そのイメージから in を使います。

　続いて、② **状態の in** です。例文② I am **in** good health.「私は**よい健康状態に包まれている**」＝「私は**体の調子がよい**」と、やはり in の【包囲】のイメージから「〜の状態で」の意味になります。fall **in** love with も **状態の in** です。「〜と恋愛状態に包まれる」＝「〜と恋に落ちる」となります。

　次に、③ **着用の in** です。例文③ You look nice **in** blue.「あなたは**青に包まれていると素敵に見える**」＝「あなたは**青い服が似合う**」となります。やはり in の【包囲】のイメージから「〜を身に着けて」の意味になります。

　最後が、④ **時の経過の in**「〜後に」です。例文④ I will be back **in** five minutes.「私が戻ってくるのは**5分の間です**」＝「私は**5分後に**戻ってくるよ」と使います。ある行為が時間に【包囲】されて、**時の経過の in**「〜後に」の用法になります。

日本語に合うように、空所に適切な語の番号を選びなさい。

1 私たちは正しい方角に進んでいる。
We are going （　　） the right direction.
① in　　　　　　　　　　② on

2 あなたは黒い服がよく似合う。
You look good （　　） black.
① on　　　　　　　　　　② in

3 私たちは1時間後に出発します。
We will leave （　　） an hour.
① at　　　　　　　　　　② in

日本語に合うように、空所に適切な英単語を書きなさい。

4 太陽は西に沈む。
The sun sets （　　　　　）（　　　　　）（　　　　　）.

5 夕食は30分後に用意できるよ。
Dinner will be ready （　　　　　）（　　　　　）（　　　　　）.

6 私はある女の子に恋をした。
I fell （　　　　　）（　　　　　） with a girl.

第35講 from

POINT　これを覚える！

① 出発点の from
② 原料の from
③ 分離の from
④ 区別の from

基本例文

① I came **from** Sapporo **to** Tokyo.
　私は**札幌から東京に**やってきた。
② Wine **is made from** grapes.
　ワインはぶどう**から作られる**。
③ He **prevented** me **from** going there alone.
　彼は**私が**1人でそこに**行くのを妨げた**。
④ She didn't **know** right **from** wrong.
　彼女は**善悪の区別が**つかなかった。

　from の核は【起点】です。【起点】から① **出発点の from** の用法が生まれます。例文① I came **from** Sapporo **to** Tokyo.「私は**札幌から東京にやってきた**」のように、**from A to B**「**A から B まで**」と使います。

　続いて、ものの【起点】から、② **原料の from** という用法です。**be made from**「〜で作られる」と使われます。**be made of**「〜でできている」は材料で、**be made from** が原料です。例文② Wine **is made from** grapes.「**ワインはぶどうから作られる**」のように、**固体のぶどうが変化してワインになるような場合が原料**になります。

　次に、from の【起点】からスタートして徐々に離れていくと、③ **分離の from** になります。例文③ He **prevented** me **from** going there alone.「**彼は私が**1人でそこに**行くのを妨げた**」のように、**prevent O from doing**「**O が〜するのを妨げる**」で使います。prevent を **stop**、**keep** としても、同じ意味になります。

　最後が、物事を【分離】して見ることから④ **区別の from** が生まれます。例文④のように、**know A from B**「**A を B と区別する**」と使います。know を **distinguish**、**tell** としても、同じ意味になります。

日本語に合うように、空所に適切な語の番号を選びなさい。

1 チーズはミルクから作られる。
Cheese is made (　　) milk.
① from　　　　　　　② of

2 ここからそこまでどうやって行けばいいですか？
How can I get (　　) here to there?
① from　　　　　　　② of

3 雨のせいで、その試合は開催されなかった。
Rain (　　) the game from taking place.
① prepared　　　　　② prevented

日本語に合うように、空所に適切な英単語を書きなさい。

4 紙は木から作られる。
Paper is (　　　　) (　　　　) wood.

5 病気のせいで、私は学校に行けなかった。
Illness (p　　　) me (　　　　) going to school.

6 彼は若すぎて善悪の区別がつかない。
He is too young to (k　　　) right (　　　　) wrong.

第 36 講 to

POINT これを覚える！

① 終点の to
② 方向の to
③ to one's 感情名詞

基本例文

① I took the bus **from** Tokyo **to** Nagoya.
私は**東京発名古屋行きの**バスに乗った。
② Turn **to** the right, and you will see the building.
右へ曲がれば、その建物が見えるでしょう。
③ **To** my **surprise**, my father apologized.
驚いたことに、私の父は謝った。

to の核は【矢印】です。矢印が指す先端をイメージすると、① **終点の to** という用法が生まれます。第 35 講で学習した **from A to B**「**A から B まで**」の to がこの用法です。例文① I took the bus **from** Tokyo **to** Nagoya.「私は**東京発名古屋行きの**バスに乗った」のように、**from A to B** で**出発点と終点**を意味します。

続いて、【矢印】の向きに着目すると、② **方向の to** という用法が生まれます。例文② Turn **to** the right, and you will see the building.「右へ曲がれば、その建物が見えるでしょう」のように使います。他にも、**on one's way to**「〜の途中で」や **point to**「〜を指さす」にも、**方向の to** が使われています。

最後が③ **to one's** 感情名詞 です。感情名詞 には、surprise「**驚き**」、joy「**喜び**」、disappointment「**失望**」、sorrow「**悲しみ**」などが入ります。例文③ **To** my **surprise**, my father apologized.「**驚いたことに、私の父は謝った**」のように、**to one's surprise**「**驚いたことに**」と使います。

元々は、My father apologized **to** my **surprise**. で、「私の父が謝罪したのは、**私の驚きに至った**」という文です。英語では、**重要なメッセージを後ろに置くこと**があるので、驚いたことではなくて、父が謝罪したことに焦点をあてて、**To** my **surprise**, my father apologized. として、「**驚いたことに、私の父は謝った**」となります。

日本語に合うように、空所に適切な語の番号を選びなさい。

1 私は、たいていは月曜日から土曜日まで働いている。

I usually work from Monday（　　　）Saturday.

① on　　　　　　　　　② to

2 駅に行く途中で、私の母と会った。

I met my mother on my way（　　　）the station.

① in　　　　　　　　　② to

3 がっかりしたことに、彼らはその計画を実行しなかった。

（　　　）my disappointment, they didn't carry out the plan.

① On　　　　　　　　　② To

日本語に合うように、空所に適切な英単語を書きなさい。

4 私は、たいていは9時から5時まで働く。

I usually work（　　　　　）nine（　　　　　）five.

5 学校に行く途中、にわか雨にあった。

I was caught in a shower（　　　　　）my way（　　　　　）school.

6 驚いたことに、彼はその計画に反対した。

（　　　　）（　　　　）（ s　　　　　）, he objected to the plan.

問題

Q.1 前置詞を使って「夜に」は何と言う？

Q.2 前置詞を使って「〜を笑う」は何と言う？

Q.3 What are you getting at? の意味は？

Q.4 「〜に驚く」を 3 つ挙げなさい。

Q.5 「〜に頼る」を 3 つ挙げなさい。

Q.6 be based on の意味は？

Q.7 on purpose の意味は？

Q.8 曜日・日付に使う前置詞は？

Q.9 時の経過を表すのに使う前置詞は？

Q.10 fall in love with の意味は？

Q.11 前置詞を使って出発点と終点を表す表現は？

Q.12 原料を意味する「〜で作られる」は何と言う？

Q.13 from を使って「O が〜するのを妨げる」を 3 つ挙げなさい。

Q.14 from を使って「A を B と区別する」を 3 つ挙げなさい。

Q.15 前置詞を使って「〜の途中で」は何と言う？

Q.16 前置詞を使って「（私が）驚いたことに」は何と言う？

解答

Ⓐ. <u>1</u> at night

Ⓐ. <u>2</u> laugh at

Ⓐ. <u>3</u> 「あなたは何を言おうとしているの？」

Ⓐ. <u>4</u> be surprised at、be amazed at、be astonished at

Ⓐ. <u>5</u> depend on、rely on、count on

Ⓐ. <u>6</u> 「～に基づいている」

Ⓐ. <u>7</u> 「わざと」

Ⓐ. <u>8</u> on

Ⓐ. <u>9</u> in

Ⓐ. <u>10</u> 「～と恋に落ちる」

Ⓐ. <u>11</u> from A to B「AからBまで」

Ⓐ. <u>12</u> be made from

Ⓐ. <u>13</u> prevent O from doing、stop O from doing、keep O from doing

Ⓐ. <u>14</u> know A from B、distinguish A from B、keep A from B

Ⓐ. <u>15</u> on one's way to

Ⓐ. <u>16</u> to my surprise

POINT これを覚える！

① 賛成の for
② 追求の for
③ 理由の for
④ 交換の for

✎ 基本例文

① Are you **for** or against the plan?
あなたはその計画に**賛成ですか**、反対ですか？
② You can **ask** me **for** some advice.
私にアドバイスを求めてくれて構わない。
③ Atami **is famous for** its hot springs.
熱海は温泉**で有名だ**。
④ I **exchanged** my money **for** local currency at the airport.
私は空港でお金を現地通貨に**両替した**。

for の核は【方向】です。for の【方向】に前向きな気持ちが加わると、① **賛成の for** という用法が生まれます。例文① Are you **for** or against the plan?「あなたはその計画に**賛成ですか、反対ですか？**」のように使います。反対する場合は、**反対の against** を使うので、おさえておきましょう。

続いて、**欲しい気持ちが加わる**と② **追求の for** です。例文② You can **ask** me **for** some advice.「**私にアドバイスを求めて**くれて構わない」のように、**ask A for B**「**A に B を求める**」と使います。他にも、**call for**「**〜を求めて呼ぶ**」＝「**〜を要求する**」や、**fight for**「**〜を求めて戦う**」があります。

fight for freedom は「**自由を求めて戦う**」ですが、「**自由のために戦う**」と解釈もできるので、そこから③ **理由の for** が生まれます。例文③のように、**be famous for**「**（〜という理由）で有名だ**」、**thank A for B**「**A に B で感謝する**」、**blame A for B**「**A を B で責める**」などがあります。

一方通行の方向から発展して、双方向のやりとりになると④ **交換の for** という用法です。例文④のように **exchange A for B**「**A を B と交換する**」などがあります。

日本語に合うように、空所に適切な語の番号を選びなさい。

1 私は彼が助けてくれたことに感謝した。

　I thanked him (　　) his help.

　① for　　　　　　　　② on

2 私はこのシャツをもっと小さなものに交換してもらいたい。

　I would like to exchange this shirt (　　) a smaller one.

　① at　　　　　　　② for

3 私は彼女の提案に反対だ。

　I am (　　) her suggestion.

　① for　　　　　　　② against

日本語に合うように、空所に適切な英単語を書きなさい。

4 彼はその事故で、彼らを責めた。

　He (b　　　　) them (　　　　　　) the accident.

5 あなたはその提案に賛成ですか、反対ですか？

　Are you (　　　　　　) or (　　　　　　) the proposal?

6 8万円をドルに替えたいのですが。

　I would like to exchange eighty thousand yen (f　　　　) dollars.

第38講 of

POINT これを覚える！

① 分離の of
② 略奪の of
③ 材料の of
④ 関連の of

基本例文

① You have to **become independent of** your parents.
あなたは親から**自立し**なければならない。
② They **robbed** him **of** all his money.
彼らは**彼からすべてのお金を奪った**。
③ This table **is made of** wood.
このテーブルは木でできている。
④ The song **reminds** me **of** my school days.
その歌を聞くと、**私は学生時代を思い出す**。

ofの核は【つながり】です。①の**分離の of** の become independent of「～から自立する」でも、**主語とつながりのあった of 以下が分離する**という表現になります。例文①も、You と your parents という**つながりのあったものが分離する**ので、**become independent of** となります。

続いて、② **略奪の of** です。**rob A of B**「A から B を奪う」、**deprive A of B**「A から B を奪う」が重要です。**rob は金品などを無理やり奪う**、**deprive は権利や自由などの目に見えないものを奪う**という文脈で使います。例文②でも of の前後の him と all his money という**元々つながりがあったものが奪われる**ので、**rob A of B** となります。

③は **be made of**「～でできている」として**材料**を示す際に使います。例文③ This table **is made of** wood.「このテーブルは木でできている」のように、**何でできているのかつながりがわかる場合が材料の of** で、**be made of** を使います。

最後が④ **関連の of** です。例文④のような **remind A of B**「A に B を思い出させる」や **inform A of B**「A に B を知らせる」のように、A と B に【**つながり**】を作り出します。

日本語に合うように、空所に適切な語の番号を選びなさい。

1 あなたは親から自立すべきだ。

You should become independent （　　　） your parents.

① from 　　　　　　　　　② of

2 彼女の親は彼女から自由を奪った。

Her parents （　　　） her of her freedom.

① prevented 　　　　　　② deprived

3 この写真は、私にあなたの父親を思い出させる。

This picture （　　　） me of your father.

① remembers 　　　　　② reminds

日本語に合うように、空所に適切な英単語を書きなさい。

4 彼らはその女性からバッグを奪った。

They （ r　　　　） the woman （　　　　　　） her bag.

5 そのすべての家具は木でできていた。

All the furniture was （　　　　　） （　　　　　） wood.

6 私は彼女に自分の新しい住所を知らせた。

I （ i　　　　） her （　　　　　） my new address.

第39講 of + 抽象名詞

POINT これを覚える！

① of use = useful　　　　　　　　「役に立つ」
② of value = valuable　　　　　　「価値のある」
③ of importance = important　　「重要だ」

基本例文

① The discovery was **of great use**.
　その発見は、**とても役に立った**。
② This book is **of great value**.
　この本は**とても価値がある**。
③ Speaking and listening are **of great importance** to children's development.
　話すことと聞くことは、子どもの発達に**とても重要だ**。

　of の後ろに**抽象名詞**という目に見えない名詞を置くと、**1語で形容詞に置き換え**ることができます。例えば、**of use** は、1語で形容詞の **useful** に置き換えることができるので、すぐに「役に立つ」と意味が出てきます。通常は、例文①のように of と use の間に単語が入って **of great use**「とても役に立つ」や、**of no use**「何も役に立たない」と使うので、おさえておきましょう。

　続いて、**of value** は1語で **valuable** と同じ意味なので、「価値のある」です。例文② This book is **of great value**.「この本は**とても価値がある**」のように、of と value の間に great などの単語を置いて使います。

　最後に、**of importance** は1語で **important** と同じ意味なので、「重要だ」です。例文③ Speaking and listening are **of great importance** to children's development.「話すことと聞くことは、子どもの発達に**とても重要だ**」のように、of と importance の間に great などを入れて使います。

　ちなみに、**of use** は **of help** とほぼ同じ意味で、**of help も1語で helpful に置き換えられて「役に立つ」という意味**なので、おさえておきましょう。

日本語に合うように、空所に適切な語の番号を選びなさい。

1 あなたの考えはとても役に立った。

Your idea was (　　) great use.

① with　　　　　　　　② of

2 彼のアドバイスはとても価値がある。

His advice is of great (　　).

① value　　　　　　　　② valuable

3 時間は極めて重要だ。

Time is of great (　　).

① importance　　　　　② important

日本語に合うように、空所に適切な英単語を書きなさい。

4 この情報は役に立つだろう。

This information will be (　　　　) some (u　　　　).

5 その考えはとても重要だ。

The idea is (　　　　) great (　　　　).

6 彼の提案は私にはとても価値があった。

His suggestions were (　　　　) great (　　　　).

第40講 with

POINT　これを覚える！

① 対立の with
② 同伴の with
③ 所有の with
④ 道具の with

✎ 基本例文

① My parents **got angry with** me last night.
　私の親は、昨晩私**に腹を立てた**。
② We **fought with** him in that fight.
　私たちはその戦いで、彼**と共闘した**。
③ I want a house **with** a pool.
　私はプール**付きの**家が欲しい。
④ He cut meat **with** a knife.
　彼はナイフ**を使って**肉を切った。

　with の出発点は【**対立**】です。ここから、いろいろな用法へと発展していきます。① **get angry with**「〜に対して腹を立てる」です。例文① My parents **got angry with** me last night.「私の親は、昨晩私**に腹を立てた**」のように使います。他にも、**have a quarrel with**「〜と口論する」、**fight with**「〜と戦う」などがあります。

　続いて **fight with** は、「〜と対立して戦う」という意味から、文脈によって「〜と一緒に戦う」という意味に発展して、② **同伴の with**「〜と一緒に」が生まれました。例文② We **fought with** him in that fight.「私たちはその戦いで、彼**と共闘した**」のように使います。

　次に、**同伴の with** から、例えば a house **with** a pool「プールと**一緒の**家」＝「プール**付きの**家」と ③ **所有の with**「〜を持って」が生まれました。例文③ I want a house **with** a pool.「私はプール**付きの**家が欲しい」のように使います。

　最後に、例文④のように、cut meat **with** a knife「ナイフ**をもって**肉を切った」＝「ナイフ**を使って**肉を切る」と ④ **道具の with**「〜を使って」の用法が生まれました。

日本語に合うように、空所に適切な語の番号を選びなさい。

1 彼らは、農民たちと共に政府と戦った。
　　They fought（　　）the farmers against the government.
　　① with　　　　　　　　② from

2 私は庭付きの家が欲しい。
　　I want a house（　　）a garden.
　　① from　　　　　　　　② with

3 私は金づちで、その窓を割った。
　　I broke the window（　　）a hammer.
　　① from　　　　　　　　② with

日本語に合うように、空所に適切な英単語を書きなさい。

4 私の姉はナイフを使って、肉を切った。
　　My sister cut meat（　　　　　）a knife.

5 その教師は、教室で私に腹を立てた。
　　The teacher（　　　　）（　　　　　）（　　　　　）me in the
　　classroom.

6 何か書くものをいただけますか？
　　Could I have something to（　　　　　）（ w　　　　　）?

第 41 講 with + 抽象名詞

POINT これを覚える！

① with care = carefully 「注意深く」
② with ease = easily 「簡単に」
③ with fluency = fluently 「流暢に」

基本例文

① She listened to me **with care**.
   彼女は**注意深く**私の言うことを聞いていた。
② He has finished his homework **with ease**.
   彼は宿題を**簡単に**終えた。
③ I can speak English **with fluency**.
   私は英語を**流暢に**話すことができる。

　第 39 講で of + 抽象名詞 ＝形容詞、と学んだように、この講では with + 抽象名詞 が 1 語で副詞に置き換えられることを学んでいきます。

　例えば、① **with care** は 1 語で **carefully** という副詞に置き換えることができます。例文① She listened to me **with care**.「彼女は**注意深く**私の言うことを聞いていた」の **with care** は **carefully** と同じなので「**注意深く**」という意味になります。

　続いて、② **with ease** は 1 語で **easily** という副詞に置き換えることができます。例文② He has finished his homework **with ease**.「彼は宿題を**簡単に**終えた」の **with ease** は **easily** に置き換えられるので、「**簡単に**」という意味になるのがすぐにわかります。

　最後に、③ **with fluency** は 1 語で **fluently** に置き換えることができます。例文③ I can speak English **with fluency**.「私は英語を**流暢に**話すことができる」の **with fluency** は **fluently** に置き換えられるので、「**流暢に**」という意味になるとすぐにわかるでしょう。

日本語に合うように、空所に適切な語の番号を選びなさい。

1 私はその仕事を簡単に終えた。
　　I have finished the job（　　）ease.
　　① with　　　　　　　　　② of

2 私の娘は本を流暢に読むことができる。
　　My daughter can read books（　　）fluency.
　　① with　　　　　　　　　② of

3 この問題を注意深く扱ってください。
　　Please treat this issue with（　　）.
　　① carefully　　　　　　　② care

日本語に合うように、空所に適切な英単語を書きなさい。

4 彼は簡単にその山の登頂に成功した。
　　He climbed the mountain（　　　　　）（　　　　　）.

5 それらを注意深く扱ってください。
　　Please handle them（　　　　　）（　　　　　）.

6 私の兄は英語を流暢に話すことができる。
　　My brother can speak English（　　　　　）（　　　　　）.

第42講 前置詞の抽象化

POINT これを覚える！

① 従事の over 　　「〜しながら」
② 否定の beyond 　「〜できない」
③ 最中の under 　　「〜している最中だ」

📝 基本例文

① Let's talk **over a cup of coffee**.
　コーヒーを飲みながら、お話ししましょう。
② The beauty of the scenery is **beyond description**.
　その景色の美しさは、**言葉にできないほど**だ。
③ This building is **under construction**.
　この建物は**建設中**だ。

　前置詞の中には、**後ろに抽象的な名詞をとると**、**本来の意味から離れて特別な意味を作り出す**ものがあります。例えば、over は通常「越えて」と物理的な位置を示す表現ですが、例文① 〜 talk **over a cup of coffee**. のようになると、２人の人がテーブルの上の「**コーヒーを越えておしゃべりする**」＝「**コーヒーを飲みながらおしゃべりする**」になるのがわかるはずです。over のこのような使い方を、**従事の over** といい、「**〜しながら**」という意味を表すことができます。

　続いて、beyond も通常「〜の向こうに」と物理的な位置関係を示す表現だったのが、例文②のように、The beauty of the scenery is **beyond description**. とすると、「その景色の美しさは**描写を越えて**」＝「その景色の美しさは、**言葉にできないほどだ**」と**否定の意味**を込めることができます。他にも、**beyond understanding**「**理解できないほど**」、**beyond belief**「**信じられないほど**」のように、**beyond の後ろに抽象名詞をとると**、**否定の意味**を込めることができます。

　最後が under です。通常「〜の下に」と物理的な位置関係を示す表現だったのが、例文③のように、This building is **under construction**. となると、「この建物は**建設の影響下に**」＝「この建物は**建設中だ**」となります。under「〜の下に」＝「〜の影響下、支配下に」＝「〜の最中」となります。他にも、**under discussion**「**議論の最中**」などがあるので、おさえておきましょう。

日本語に合うように、空所に適切な語の番号を選びなさい。

1 この計画はまだ議論の最中だ。

This plan is still (　　) discussion.

① under　　　　　　　　② over

2 その講義は私にはわからない。

The lecture is (　　) my understanding.

① beyond　　　　　　　② behind

3 彼らはコーヒーを飲みながらおしゃべりをした。

They chatted (　　) a cup of coffee.

① under　　　　　　　　② over

日本語に合うように、空所に適切な英単語を書きなさい。

4 この橋はまだ建設中だ。

This bridge is still (　　　　　) (　　　　　).

5 紅茶を飲みながら、お話ししましょう。

Let's talk (　　　　　) a cup of tea.

6 彼女の美しさは言葉にできないほどだった。

Her beauty was (　　　　　) (　　　　　).

問題

Q.1 前置詞を使って賛成と反対はどう表す?

Q.2 ask A for Bの意味は?

Q.3 be famous forの意味は?

Q.4 thank A for Bの意味は?

Q.5 blame A for Bの意味は?

Q.6 exchange A for Bの意味は?

Q.7 become independent ofの意味は?

Q.8 rob A of Bの意味は?

Q.9 deprive A of Bの意味は?

Q.10 be made ofの意味は?

Q.11 remind A of Bの意味は?

Q.12 inform A of Bの意味は?

Q.13 of useの意味は?　また、1語に置き換えると?

Q.14 of valueの意味は?　また、1語に置き換えると?

Q.15 of importanceの意味は?　また、1語に置き換えると?

Q.16 cut meat with a knifeの意味は?

Q.17 with careの意味は?　また、1語に置き換えると?

Q.18 with easeの意味は?　また、1語に置き換えると?

Q.19 over a cup of coffeeの意味は?

Q.20 beyond descriptionの意味は?

Q.21 beyond understandingの意味は?

Q.22 under constructionの意味は?

Q.23 under discussionの意味は?

A.1 賛成のforと反対のagainst

A.2 「AにBを求める」

A.3 「（〜という理由）で有名だ」

A.4 「AにBで感謝する」

A.5 「AをBで責める」

A.6 「AをBと交換する」

A.7 「〜から自立する」

A.8 「AからBを奪う」

A.9 「AからBを奪う」

A.10 「〜でできている」

A.11 「AにBを思い出させる」

A.12 「AにBを知らせる」

A.13 「役に立つ」でuseful

A.14 「価値のある」でvaluable

A.15 「重要だ」でimportant

A.16 「ナイフを使って肉を切る」

A.17 「注意深く」でcarefully

A.18 「簡単に」でeasily

A.19 「コーヒーを飲みながら」

A.20 「言葉にできないほど」

A.21 「理解できないほど」

A.22 「建設中」

A.23 「議論の最中」

throughは「初めから終わりまで」の意味

第6章では、基本的な前置詞を紹介しましたが、それ以外にも前置詞は存在します。次の英文をご覧ください。

> **I am halfway through the book.**
> 訳　私はその本を半分読み終えている。

halfway through で「**半分終えている**」の意味になりますが、これはなぜでしょうか。**through** には、「**初めから終わりまで**」の意味から【**完了**】のイメージになり、そこに **halfway**「**半分だけ**」が加わると、「**半分終えている**」の意味になります。

次のクイズをご覧ください。

> **Q.** 次の下線の語句と同じ意味になる選択肢を選びなさい。
> **My grandfather has gone through the war.**
> ① experienced　　　　② escaped

through の「**初めから終わりまで**」の意味から、**go through**「**初めから終わりまで進む**」＝「**経験する**」になるので、①が正解です。クイズの英文は、「私の祖父は戦争を経験している」という意味になります。

次の例文に進みます。

> **My father has traveled through Europe.**
> 訳　私の父はヨーロッパ中を旅したことがある。

続いて、through が場所に使われると、「**ヨーロッパの初めから終わりまで旅する**」＝「**ヨーロッパ中を旅する**」という意味になります。**through**「**～中を**」をおさえておきましょう。**through the world** とすると「**世界中を**」という意味です。ちなみに、**throughout** は through のこの用法を強めた表現で、「**～の至るところに**」という意味になります。

第7章

否定・疑問

introduction

否定・疑問

📍 文法用語の説明から ◎本編に入る前に、まず文法用語に目を通しておきましょう。

用語一覧	解　説
準否定語 (じゅんひていご)	not「〜ない」や never「決して〜ない」のような完全な否定ではなくて、**rarely「めったに〜ない」や few「ほとんど〜ない」というやや弱い否定語のことを準否定語**といいます。
部分否定 (ぶぶんひてい)	「すべてが〜ない」のような全体否定と異なり、「すべてが〜なわけではない」と例外を示す表現を部分否定といいます。not always「いつも〜とは限らない」などのことです。
付加疑問 (ふかぎもん)	通常の文に疑問を付け加える文体で、「〜だよね？」のように、**確認や同意を求める表現**のことです。**You live in Tokyo, don't you?**「あなたは東京で暮らしているよね？」のような文のことをいいます。

📍 英文法の見取り図その8 ⟨ 否定 ⟩

> ① 準否定語
> ② 部分否定
> ③ notを使わない否定表現

　本書では、否定の分野は① **準否定語**、② **部分否定**、③ **not を使わない否定表現**を扱います。

　① **準否定語**とは、**hardly「ほとんど〜ない」**のような、弱い否定語のことをいいます。hardly は意味からもわかるとおり、程度を打ち消す準否定語で、他にも**rarely「めったに〜ない」**のような頻度を打ち消す準否定語もあります。

　続いて、② **部分否定**です。部分否定とは、「すべて〜ない」という全体否定とは異なり、「**すべてが〜なわけではない**」、「**いつも〜とは限らない**」という例外を残す表

現です。**not** + **100%** ワードから成り、例えば **not all** 「**すべてが〜なわけではない**」
や **not always** 「**いつも〜とは限らない**」 などの表現があります。

　最後が③ **not を使わない否定表現**です。**far from** や **anything but** などは、い
ずれも not を使っていませんが、「**決して〜ない**」という意味の否定表現になります。
入試でも頻出の表現なので、おさえておきましょう。

📍 英文法の見取り図 その9 （　　疑問　　）

```
① 付加疑問
② 疑問文の慣用表現
```

　疑問の分野では、入試で頻出の① **付加疑問**、② **疑問文の慣用表現**を扱います。①
付加疑問とは、普通の文に疑問を付け加える文体です。例えば、You are my friend,
aren't you? 「あなたは私の友達だよね？」のように、同意や確認を求める文です。
肯定文には否定の付加疑問を後ろに付けます。一方で、You don't like me, **do you?**「あ
なたは私のことを好きではないんだよね？」のように、否定文には肯定の付加疑問を
付け加えます。

　続いて、② **疑問文の慣用表現**です。**Would you mind doing?** 「〜していただけ
ますか？」、**How come SV?** 「なぜ S が V するのか？」、**What 〜 for?** 「何のため
に〜か？」などの表現を学習していきます。

第43講 準否定語

POINT これを覚える！

> ① 頻度を打ち消す準否定語 ⇒ rarely（seldom）
> ② 程度を打ち消す準否定語 ⇒ hardly（scarcely）
> ③ 数量を打ち消す準否定語 ⇒ few ／ little

基本例文

① I **rarely** get up early in the morning.
  私は**めったに**朝早く起き**ない**。
② I could **hardly** believe his story.
  私は彼の話を**ほとんど**信じられ**なかった**。
③ He had **few** opportunities.
  彼には**ほとんど**機会が**なかった**。
  We had **little** snow last year.
  昨年は雪が**ほとんど**降ら**なかった**。

　not「〜ない」のような強い否定語とは異なる、やや弱い否定語を**準否定語**といいます。
① **頻度を打ち消す準否定語**には、**rarely**「めったに〜ない」があります。日本語の「レ
アな」からわかるとおり、形容詞が rare「珍しい」なので、rarely「〜するのが珍しい」
＝「めったに〜ない」になります。例文① I **rarely** get up early in the morning.「私は**めっ
たに**朝早く起き**ない**」のように使います。**seldom**「めったに〜ない」も頻度を打ち消
す準否定語ですが、rarely をかたくした言葉で、書き言葉でよく使われます。

　続いて、② **程度を打ち消す準否定語**の **hardly**「ほとんど〜ない」です。例文②
I could **hardly** believe his story.「私は彼の話を**ほとんど**信じられ**なかった**」のように、
信じる程度を打ち消しています。**scarcely** も同様に「**ほとんど〜ない**」で程度を打
ち消し、hardly をかたくした言葉です。

　最後が③ **数量を打ち消す準否定語**です。**few**「ほとんど〜ない」は**数を打ち消して
可算名詞**に使います。例文③の上の文のように、He had **few** opportunities.「彼に
は**ほとんど**機会が**なかった**」と可算名詞である opportunities の数を打ち消します。
little「ほとんど〜ない」は量を打ち消して不可算名詞に使います。例文③の下の文
のように、We had **little** snow last year.「昨年は雪が**ほとんど**降ら**なかった**」と不
可算名詞である snow を打ち消します。

日本語に合うように、空所に適切な語の番号を選びなさい。

1 彼はめったに文句を言わない。

He ( ) complains.

① rarely ② hardly

2 私はほとんど彼のことを知らない。

I ( ) know him.

① rarely ② hardly

3 私はほとんどお金を持っていない。

I have ( ) money.

① few ② little

日本語に合うように、空所に適切な英単語を書きなさい。

4 彼女はめったに病気にならない。

She (r) gets sick.

5 私は昨晩ほとんど眠れなかった。

I could (h) sleep last night.

6 彼女にはほとんど欠点がない。

She has ( ) faults.

第44講 部分否定

POINT　これを覚える！

① not always	「いつも〜とは限らない」
② not necessarily	「必ずしも〜とは限らない」
③ not all	「すべて〜とは限らない」

✎ 基本例文

① The rich are **not always** happy.
お金持ちが**いつも**幸せだ**とは限らない**。
② Expensive clothes are **not necessarily** the best.
高級な服が**必ずしも**一番よい**とは限らない**。
③ **Not all** the students took the test.
すべての学生が、その試験を受けた**とは限らない**。

　部分否定を理解するには、その反対の**全体否定**をおさえる必要があります。**全体否定**とは、**Nobody** knows the truth.「誰も真実を知ら**ない**」のように、**全体を否定する表現**です。一方で、**部分否定**とは、**Not everybody** knows the truth.「全員が真実を知っている**わけではない**」と**一部を否定して**、例外を作る表現になります。

　部分否定の特徴は、**not ＋100% ワード**になります。日本語訳は「〜とは限らない」、「〜なわけではない」になります。① **not always**「いつも〜とは限らない」は例文① The rich are **not always** happy.「お金持ちが**いつも**幸せだ**とは限らない**」のように、「幸せなお金持ちもいるし、不幸なお金持ちもいる」と**例外を示す表現**になります。

　続いて、② **not necessarily**「必ずしも〜とは限らない」です。**necessarily**「必ず」は 100% ワードなので、not で打ち消すと**部分否定**になります。例文② Expensive clothes are **not necessarily** the best.「高級な服が**必ずしも**一番よい**とは限らない**」のように、高級な服は一番よいものもあるし、そうではないものもあると**例外を示す表現**になります。

　最後が③ **not all**「すべて〜とは限らない」です。例文③ **Not all** the students took the test.「**すべて**の学生が、その試験を受けた**とは限らない**」と、「試験を受けた生徒もいるし、受けなかった生徒もいる」と**例外を示す表現**になります。

日本語に合うように、空所に適切な語の番号を選びなさい。

1 私は、土曜日はいつも暇だとは限らない。

I am（　　　）free on Saturdays.

① not always　　　　　② not at all

2 すべての人が彼を好きなわけではない。

（　　　）people like him.

① Not always　　　　　② Not all

3 高級な車が必ずしも一番よいとは限らない。

Expensive cars are（　　　）the best.

① not usually　　　　　② not necessarily

日本語に合うように、空所に適切な英単語を書きなさい。

4 彼女はいつも怠けているわけではない。

She is（　　　　　）（ a　　　　　）idle.

5 雲があるから必ずしも雨が降るとは限らない。

Clouds do（　　　　　）（ n　　　　　）forecast rain.

6 すべての夢がかなうわけではない。

（　　　　　）（　　　　　）dreams come true.

第45講 notを使わない否定表現

POINT これを覚える！

① far from	「決して〜ない」
② by no means	「決して〜ない」
③ anything but	「決して〜ない」
④ the last person to do	「最も〜しそうにない人」

基本例文

① The movie is **far from** satisfactory.
その映画は**決して**満足でき**ない**。
② He is **by no means** stupid.
彼は**決して**愚かでは**ない**。
③ The bridge is **anything but** safe.
その橋は**決して**安全では**ない**。
④ He is **the last person to do** that.
彼は**最も**そのようなことを**しそうにない**人だ。

not を使わない否定表現には、① **far from**「決して〜ない」があります。直訳すると「〜からほど遠い」＝「決して〜ない」になります。例文① The movie is **far from** satisfactory.「その映画は満足からはほど遠い」＝「その映画は**決して満足できない**」と使います。

続いて、② **by no means**「決して〜ない」です。means が名詞で「手段」の意味なので、直訳すると「どんな手段によっても〜できない」＝「決して〜ない」になります。例文② He is **by no means** stupid.「彼はどんな手段によっても愚かとは言えない」＝「彼は**決して愚かではない**」となります。

次が③ **anything but**「決して〜ない」です。anything「何でも」＋ 前置詞の but「〜以外に」から、直訳すると「〜以外何でもよい」＝「決して〜ない」になります。例文③ The bridge is **anything but** safe.「その橋は安全以外なら何でもよい」＝「その橋は**決して安全ではない**」になります。

最後が④ **the last person to do**「最も〜しそうにない人」です。例文④のように、「〜する最後の人」＝「最も〜しそうにない人」となります。

日本語に合うように、空所に適切な語の番号を選びなさい。

1 この話は決して終わってはいない。

This story is（　　）over.

① very far　　　　　　　　② far from

2 そのテストは決して難しくはなかった。

The test was（　　）difficult.

① anything but　　　　　② nothing but

3 この作業は決して簡単ではない。

This task is（　　）easy.

① by no means　　　　　② by all means

日本語に合うように、空所に適切な英単語を書きなさい。

4 彼の説明は決して完璧ではない。

His explanation is（ f　　　　　）（　　　　　　　）perfect.

5 彼は決して学者ではない。

He is（ a　　　　　）（　　　　　　　）a scholar.

6 彼女は決してそのようなことを言う人ではない。

She is（　　　　　　）（　　　　　　）（　　　　　　　）to say that.

POINT これを覚える！

① 肯定文 ⇒ 否定の付加疑問
② 否定文 ⇒ 肯定の付加疑問
③ **Let's ～.** ⇒ shall we? の付加疑問
④ 命令文 ⇒ will you? の付加疑問

基本例文

① You like coffee, **don't you?**
あなたはコーヒーが好きだよ**ね？**
② You don't like her, **do you?**
あなたは彼女が好きではないんだよ**ね？**
③ Let's eat the bread, **shall we?**
パンを食べません**か？**
④ Speak quietly, **will you?**
静かに話してくれます**か？**

　付加疑問とは、文の後ろに付ける簡単な疑問形の表現で、相手に確認や同意を求めるものになります。例えば、① **肯定文の後ろには否定の付加疑問**を続けます。例文① You like coffee, **don't you?**「あなたはコーヒーが好きだよ**ね？**」のように、**You like** といった肯定文の後ろには、**don't you?** と否定の付加疑問を続けます。

　続いて、② **否定文には肯定の付加疑問**を続けます。例文② You don't like her, **do you?**「あなたは彼女が好きではないんだよ**ね？**」のように、**You don't** といった否定文の後ろには、**do you?** と肯定の付加疑問を続けます。

　次に、③ **Let's ～ . の文には shall we? の付加疑問**を後ろに続けます。例文③ Let's eat the bread, **shall we?**「パンを食べません**か？**」のように **Let's ～,** の後ろに **shall we?** を続けます。

　最後が、④ **命令文の後ろに will you? の付加疑問**を続けるパターンです。例文④ Speak quietly, **will you?**「静かに話してくれます**か？**」のように、**Speak ～** の命令文の後ろに **will you?** を続けます。

日本語に合うように、空所に適切な語の番号を選びなさい。

1 今晩外食しませんか？
   Let's eat out tonight, (　　)?
   ① shall we　　　　　　② will you

2 席に着いてくれますか？
   Take a seat, (　　)?
   ① shall we　　　　　　② will you

3 自転車を貸してくれませんか？
   You couldn't lend me your bicycle, (　　)?
   ① could you　　　　　　② couldn't you

日本語に合うように、空所に適切な英単語を書きなさい。

4 私を手伝ってくれませんか？
   You can help me, (　　　　) (　　　　)?

5 もう1曲踊りましょう。
   Let's have one more dance, (　　　　) (　　　　)?

6 早く起きてくれませんか？
   Get up early, (　　　　) (　　　　)?

POINT これを覚える！

> ① **Would you mind doing?** 「〜していただけますか？」
> ② **How come SV?** 「なぜ S が V するのか？」
> ③ **What 〜 for?** 「何のために〜か？」

✎ 基本例文

① **Would you mind** taking our picture?
私たちの写真を撮っていただけますか？
Not at all. ／ Of course not. ／ Certainly not.
もちろんよいです。
② **How come** you called me late at night?
なぜあなたは夜遅くに私に電話した**の？**
③ **What** are you studying French **for**?
何のためにあなたはフランス語を勉強しているのです**か？**

　疑問文で注意が必要なものに、① **Would you mind doing?**「〜していただけますか？」があります。直訳すると「**あなたは〜することが嫌ですか？**」で、**おそらく断らないだろうという文脈**で使う表現です。注意点は２点あって、例文① のように、**mind の後ろに動名詞を使う**ことと、返答が Not at all. ／ Of course not. ／ Certainly not.「**もちろん嫌ではない**」＝「**喜んで**」と、**not を使って頼みを承諾している点**です。

　続いて、② **How come SV?**「なぜ S が V するのか？」になります。**Why と同じ意味**ですが、**come の後ろが SV と倒置しない**ことが重要です。元々 **How did it come about that SV?** という表現の **did it** と **about that** が**省略**された表現なので、come の後ろが SV になります。例文②のように、物事の経緯を尋ねる表現です。

　最後に、③ **What 〜 for?**「何のために〜か？」があります。例文③ **What** are you studying French **for?**「**何のために**あなたはフランス語を勉強しているのです**か？**」と使います。**for**「〜のために」からわかるとおり**目的を尋ねる表現**ですが、日本語では「**なぜ**フランス語を勉強しているの？」のように「なぜ」と訳されることも多いので、おさえておきましょう。

日本語に合うように、空所に適切な語の番号を選びなさい。

1 窓を閉めていただけませんか？

Would you mind（　　）the window?

① to close　　　　　　② closing

2 どうして遅れましたか？

（　　）you were late?

① How come　　　　　② What for

3 あなたは何のためにそこに行ったのですか？

What did you go there（　　）?

① in　　　　　　　　② for

日本語に合うように、空所に適切な英単語を書きなさい。

4 少し向こうに動いていただけますか？

（ W 　　）（　　　　）（ m 　　　）moving over a bit?

5 あなたは何のために英語を勉強しているのですか？

（　　　　　）are you studying English（　　　　　）?

6 どうして彼は怒っていたの？

（　　　　）（　　　　　）he got angry?

問題

Q.1 rarelyの意味と同意語は？

Q.2 hardlyの意味と同意語は？

Q.3 fewとlittleの意味と違いは？

Q.4 not alwaysの意味は？

Q.5 not necessarilyの意味は？

Q.6 not allの意味は？

Q.7 far fromの意味は？

Q.8 by no meansの意味は？

Q.9 anything butの意味は？

Q.10 the last person to doの意味は？

Q.11 肯定文にはどんな付加疑問を続ける？

Q.12 否定文にはどんな付加疑問を続ける？

Q.13 Let's ～.の文にはどんな付加疑問を続ける？

Q.14 命令文にはどんな付加疑問を続ける？

Q.15 Would you mind doing?の意味は？

Q.16 Would you mind doing?の答え方と意味は？

Q.17 How come SV ? の意味と特徴は？

Q.18 What ～ for?の意味と特徴は？

Ⓐ.<u>1</u> 「めったに〜ない」、seldom

Ⓐ.<u>2</u> 「ほとんど〜ない」、scarcely

Ⓐ.<u>3</u> 意味は「ほとんど〜ない」、fewは可算名詞、littleは不可算名詞に使う

Ⓐ.<u>4</u> 「いつも〜とは限らない」

Ⓐ.<u>5</u> 「必ずしも〜とは限らない」

Ⓐ.<u>6</u> 「すべて〜とは限らない」

Ⓐ.<u>7</u> 「決して〜ない」

Ⓐ.<u>8</u> 「決して〜ない」

Ⓐ.<u>9</u> 「決して〜ない」

Ⓐ.<u>10</u> 「最も〜しそうにない人」

Ⓐ.<u>11</u> 否定の付加疑問

Ⓐ.<u>12</u> 肯定の付加疑問

Ⓐ.<u>13</u> shall we?

Ⓐ.<u>14</u> will you?

Ⓐ.<u>15</u> 「〜していただけますか?」

Ⓐ.<u>16</u> No at all. ／ Of course not. ／ Certainly not. で「もちろん」と承諾の意味

Ⓐ.<u>17</u> 「なぜSがVするのか?」で、comeの後ろがSVと倒置しない

Ⓐ.<u>18</u> 「何のために〜か?」で目的を聞く表現

否定疑問の答え方に注意する!!

> **Q1.** 次の疑問文に対する適切な答えを選びなさい。
> **Didn't you read the book?** 「その本を読まなかったのですか？」
> 「はい、読みませんでした」
> ① Yes, I did.　　　② No, I didn't.

日本語の「はい」に反応すると、①を選んでしまいがちですが、「読みませんでした」に反応すると、②になりそうです。上のクイズのような疑問文は**否定疑問**といい、否定疑問で正しい返答をするには、２つのコツがあります。まずは、**日本語で考えない**こと。そして、**英語では動詞に対して Yes か No で答えること**が重要になります。

上のクイズでは、「読みませんでした」という返答をするのに、**read に対して答えるので、No を使うべき**だとわかります。よって、**②が正解**です。

次のクイズに進みます。

> **Q2.** 次の疑問文に対する適切な答えを選びなさい。
> **Don't you think so?** 「あなたはそう思わないのですか？」
> 「いいえ、そう思います」
> ① Yes, I do.　　　② No, I don't.

Q1. で学んだ否定疑問の答え方の知識を生かしましょう。「**そう思う**」と言いたくて、**動詞の think に対して答えるので、Yes を使って、①が正解**になります。

まとめると、**否定疑問の文では、動詞に対して Yes、No で答える**とおさえておきましょう。

第8章

倒置・強調

introduction

倒置・強調

📍 文法用語の説明から　◎本編に入る前に、まず文法用語に目を通しておきましょう。

用語一覧	解　説
文型倒置 （ぶんけいとうち）	第1文型（SVM）と第2文型（SVC）を倒置させた MVS, CVS を文型倒置といいます。
強制倒置 （きょうせいとうち）	**否定の副詞**（never, little, only など）が文頭に出て、後ろ が強制的に**疑問文の語順**になる倒置のことです。文型倒置 と区別して理解しましょう。
強調構文 （きょうちょうこうぶん）	**It is A that ～.**「**～なのは A だ**」という文体のことです。
強調表現 （きょうちょうひょうげん）	疑問詞を強調する **in the world, on earth** や、not を強 調する **not ～ in the least**「少しも～ない」などの表現 のことです。

英文法の見取り図 その10 （ 倒置の全体図 ）

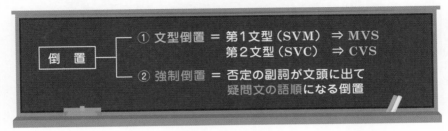

倒置には① **文型倒置**と② **強制倒置**の２種類があります。① **文型倒置**とは、第１文型（SVM）、第２文型（SVC）を倒置させたもので、**第１文型の倒置は MVS、第２文型の倒置は CVS** になります。一方で、② **強制倒置**は、**疑問文の語順になる倒置**のことです。例えば、**Never** などの否定の副詞が文頭に出ると、**その後ろが疑問文の語順になる倒置**のことをいいます。

英文法の見取り図 その11 （ 強調の全体図 ）

強調表現を３種類紹介します。最初が、名詞、副詞、前置詞句（前置詞が作る意味のカタマリ）や副詞節（従属接続詞が作る意味のカタマリ）を強調できるもので、① **強調構文**と言われるものです。**It is A that 〜 .**「**〜なのは A だ**」という型をとり、A の位置に名詞、副詞、前置詞句、副詞節などが入ります。

続いて、② **疑問詞を強調する場合**は、疑問詞の後ろに **in the world** や **on earth** を置いて「**一体全体〜**」と疑問詞を強調します。最後が、③ **not を強調する表現**で、**not 〜 in the least** と続けて「**少しも〜ない**」という意味になります。

第８章　倒置・強調

151

第48講 文型倒置

POINT これを覚える！

① 第１文型の倒置 ⇒ MVS

② 第２文型の倒置 ⇒ CVS

基本例文

① **At that house** **began** **my new life**.
　　　M　　　　　V　　　　S

その家から私の新しい人生が始まった。

② **Lucky** **was** **the girl**.
　　C　　　V　　　S

その女の子は幸運だった。

　倒置には大きく分けて２つあると紹介しました。パターンが決まっている**文型倒置**と、否定の副詞が文頭に出ると後ろが疑問文の語順になる**強制倒置**です。この講では、**文型倒置**を扱います。

　文型倒置には、① **第１文型（SVM）を倒置させた MVS** があります。例文①のように、At that house が M、began が V、my new life が S で倒置が起こっています。元々は My new life began at that house. だったのが、at that house が文頭に出て、my new life と began を逆転させました。第１文型の倒置は、**副詞か前置詞のカタマリが文頭に出て倒置**が起こるので、おさえておきましょう。

　続いて、② **第２文型（SVC）を倒置させた CVS** が、もう１つの**文型倒置**です。例文②のように、Lucky が C、was が V、the girl が S で倒置が起こっています。元々は The girl was lucky. だったのが、lucky が文頭に出て、The girl と was を逆転させました。第２文型の倒置は、**形容詞が文頭に出て倒置**が起こるので、おさえておきましょう。

　倒置が起こる理由はいくつかありますが、**英語では後ろに置かれた情報が強調**されるので、**主語の情報を強調したいときに倒置が起こる**のが、１つの理由として挙げられます。

日本語に合うように、空所に適切な語の番号を選びなさい。

1 丘の上に古い家が建っていた。

On the top of the hill（　　）.

① stood an old house　　② did an old house stand

2 その男の子は幸せだった。

Happy（　　）.

① the boy was　　② was the boy

3 その街の景色は素晴らしかった。

Wonderful（　　）.

① was the view in that town　　② the view in that town was

日本語に合うように、空所に適切な英単語を書きなさい。

4 彼女の喜びは大きかった。

Great（　　　　　）her delight.

5 その家で彼女の幸せな生活が始まった。

At that house（ b　　　）（　　　　）（　　　　）（　　　　）.

6 そのバス停に1人の女性と少年がいた。

At the bus stop（　　　　　）a woman and a boy.

POINT これを覚える！

否定の副詞が文頭に出たら疑問文の語順	① never
	② little
	③ only

基本例文

① **Never** did anyone give me any advice.
　誰も私に何のアドバイスもしてくれなかった。
② **Little** did I dream that I would marry her.
　彼女と結婚するなどと私は夢にも思わなかった。
③ **Only** then did I understand what he really meant.
　そのとき初めて、私は彼の真意がわかった。

　強制倒置とは、**疑問文の語順になる倒置**のことで、**否定の副詞が文頭に出たら後ろが疑問文の語順**になります。否定の副詞には、① **never**「**決して〜ない**」があります。例文①のように、**Never** が文頭に出て、**後ろが did anyone give と疑問文の語順**になります。

　続いて、**否定の副詞**には② **little**「**まったく〜ない**」があります。例文②のように、**Little** が文頭に出ると、**後ろは did I dream と疑問文の語順**になります。

　否定の副詞の最後が、③ **only**「**〜してようやく**」になります。only には「〜しかない」と否定の意味があるので、**否定の副詞**として扱います。特に、**only の後ろに then などの時の副詞を置いて「〜してようやく」**の意味になります。例文③のように、**Only の後ろに then を置いて**、その後ろが **did I understand と疑問文の語順**になります。only や never は後ろに副詞を置いて、そのさらに後ろが疑問文の語順になることに注意しましょう。

日本語に合うように、空所に適切な語の番号を選びなさい。

1 こんなことが起ころうとは夢にも思わなかった。
Never （　　） that this would happen.
① did I dream　　　　　② I dreamed

2 彼女はそんなことはまったく想像していなかった。
（　　） did she imagine that.
① Few　　　　　② Little

3 昨日ようやく彼女に会えた。
（　　） yesterday did I see her.
① When　　　　　② Only

日本語に合うように、空所に適切な英単語を書きなさい。

4 私が勝つとは夢にも思わなかった。
（ N　　　　）（　　　　　）（　　　　　　） dream I would win.

5 そのときようやく、彼は理由を説明した。
（　　　　　）（　　　　　） did he explain the reason.

6 彼女はそのレストランでほとんど食べなかった。
（ L　　　　）（　　　　　） she eat at the restaurant.

POINT これを覚える!

① 強調構文（It is A that ～.）
② 疑問詞 in the world ／ on earth
③ not in the least

基本例文

① **It was** in Tokyo **that** we met.
私たちが出会った**のは東京だった**。
② What **in the world** is it?
一体全体それは何なのか？
Who **on earth** said that?
一体全体誰がそんなことを言ったのか？
③ I am **not in the least** afraid of you.
私はあなたのことを**少しも**恐れてい**ない**。

　英語の強調表現の代表例に、① **強調構文**があります。**It is A that ～.**「～なのは A だ」という構文で、A の情報を強調しています。この形は形式主語の it の可能性もありますが、**A の位置に副詞、前置詞句などがくると強調構文確定**です。例文①のように、It is A that ～ . の A の位置に in Tokyo という**前置詞句**が入ると、**強調構文**と判断できます。

　続いて、② 疑問詞 **in the world ／ on earth** があります。訳は「**一体全体～**」になります。例文② What **in the world** is it?「それは、**世界中の何にあたるのか？**」＝「**一体全体**それは何なのか？」になり、Who **on earth** said that?「**地球上の誰が**それを言ったのか？」＝「**一体全体**誰がそんなことを言ったのか？」のように使います。

　最後が、③ **not ～ in the least**「**少しも～ない**」で、**not を強調**しています。little の最上級の least を使って、「**最も少ない状態ですら～ない**」＝「**少しも～ない**」になります。例文③ I am **not in the least** afraid of you.「私はあなたのことを**少しも**恐れてい**ない**」のように、not を強調して使います。

日本語に合うように、空所に適切な語の番号を選びなさい。

1 私がかばんをなくしたのは、自分の不注意のせいだった。
  (　　) was because of my carelessness that I lost my bag.
  ① It　　　　　　　　　　② That

2 彼は犬を少しも恐れていない。
  He is not (　　) afraid of dogs.
  ① on earth　　　　　　② in the least

3 一体どうやってあなたはそれをやったの？
  How (　　) did you do it?
  ① in world　　　　　　② on earth

日本語に合うように、空所に適切な英単語を書きなさい。

4 私が驚いたのは、その値段だ。
  (　　　　　) (　　　　　　　) the price that surprised me.

5 一体どこでその情報を手に入れたのですか？
  Where (　　　　　) (　　　　　　) did you get the information?

6 私はそのことについて少しも心配していない。
  I am not worried about that (　　　　　) (　　　　) (　　　　).

問題

Q.1 第1文型の倒置の型と特徴は？

Q.2 第2文型の倒置の型と特徴は？

Q.3 強制倒置とはどんな倒置？

Q.4 強制倒置のカギになる単語を3つ挙げなさい。

Q.5 強調構文の型と意味は？

Q.6 強調構文と確定できる条件は？

Q.7 疑問詞を強調するにはどうする？

Q.8 最上級を使って、notを強調する表現は？

A. <u>1</u> MVS。副詞や前置詞のカタマリが文頭に出て倒置が起こる

A. <u>2</u> CVS。形容詞が文頭に出て倒置が起こる

A. <u>3</u> 否定の副詞が文頭に出ると、後ろが疑問文の語順になる倒置

A. <u>4</u> never、little、only

A. <u>5</u> It is A that 〜. 「〜なのはAだ」

A. <u>6</u> Aの位置に副詞や前置詞句がきたとき

A. <u>7</u> 疑問詞の後ろに in the world や on earth を置く

A. <u>8</u> not 〜 in the least 「少しも〜ない」

第8章 倒置・強調

移　動

　文型倒置の項目で、**第1文型と第2文型の倒置**を学びました。第3文型以降の倒置はないのかと聞かれると、第3文型以降は SV が逆転しないので、厳密には倒置とはいいません。一方で、第3文型以降にも文型が崩れる現象はあり、**文の要素が動くので移動**と呼ばれています。

> **That I can't say.**
> 訳　そのことは、私には言えない。

　I が S で、can't say は V であることはすぐにわかるはずです。say は他動詞で目的語が必要ですが、後ろにありません。よって、文頭の **That** を say の**目的語**としてとらえるので、**OSV という第3文型（SVO）の O が文頭に移動した文**だとわかります。

　次の文に進みます。

> **They have made possible the construction of the museum.**
> 訳　彼らのおかげで、その博物館の建設が可能になった。

　この文は make が使われているので、**make O C「O を C にする」**を予測します。一方で、**possible は形容詞なので C になることしかできません。名詞しか目的語になれないので**、名詞の the construction を目的語でとらえて、**第5文型（SVOC）の O が文の後ろに移動した、SVCO** ととらえます。よって、possible が C、the construction of the museum が O なので、「その博物館の建設を可能にする」と解釈できます。

　第5文型の移動には、SVCO と OSVC があります。いずれも、目的語が移動した文体になります。**第4文型（SVO$_1$O$_2$）の移動は、O$_2$ が文頭に出て O$_2$SVO$_1$ となるので**、おさえておきましょう。

動詞の語法

動詞の語法

◉ 文法用語の説明から ◎本編に入る前に、まず文法用語に目を通しておきましょう。

用語一覧	解　説

自動詞（じ どう し）

後ろに目的語（名詞）を続けるには前置詞が必要な動詞です。その動詞単独で使うこともできます。自動詞か他動詞か紛らわしいものは、**speak to**「**〜に話す**」のように、**前置詞とセット**で覚えましょう。

他動詞（た どう し）

後ろに目的語を直接とる動詞のことです。単独では用いずに、必ず目的語が必要な動詞です。自動詞か他動詞か紛らわしいものは、**discuss O**「**O について議論する**」のように、O とセットで覚えましょう。

📍 英文法の見取り図 その12 （ 動詞の語法 ）

> ① 自動詞と他動詞が似ている動詞の区別
> ② 「借りる・貸す」の使い分け
> ③ 「言う」の使い分け
> ④ 「合う」の使い分け

　本書で扱う動詞の語法とは、① 自動詞と他動詞が似ている動詞の区別、② 「借りる・貸す」の使い分け、③ 「言う」の使い分け、④ 「合う」の使い分けになります。

　① は、**rise**「上がる」は自動詞、**raise**「〜を上げる」は他動詞のように、自動詞と他動詞が似ている動詞は、しっかりと区別しなければいけません。他にも、**grow up**「育つ」は自動詞、**bring up**「〜を育てる」は他動詞、**lie**「横になる」は自動詞、**lay**「〜を置く」は他動詞などがあります。

　② は、**rent**「有料で借りる」、**borrow**「無料で借りる」、**use**「移動不可能なトイレなどを借りる」、**lend**「貸す」の区別を学習していきます。

　③ は、**speak**「話す」、**talk**「話す」、**say**「言う」、**tell**「伝える」の区別を学習していきます。具体的には、**speak** と **talk** は自動詞、**say** と **tell** は他動詞で使います。さらに、**speak to**「〜と話す」、**talk about**「〜について話す」、**say that ～**「〜と言う」、**tell O₁ O₂**「O₁ に O₂ を伝える」などの用法を学習していきます。

　最後が④ 「合う」の区別で、**fit**, **suit**, **match**（= go with）の使い分けを学習します。具体的には、**fit** は**サイズが人に**「合う」ときに使い、**suit** は**色や服装が人に**「合う」ときに使い、**match**（= go with）はものとものとが、つり合いがとれて「合う」ときに使います。

第51講 自動詞と他動詞の語法

POINT これを覚える！

① rise「上がる」は自動詞　⇔ raise「〜を上げる」は他動詞
② grow up「育つ」は自動詞 ⇔ bring up「〜を育てる」は他動詞
③ lie「横になる」は自動詞　⇔ lay「〜を置く」は他動詞

基本例文

① Prices are **rising** in Japan.　　　日本では物価が**上昇している**。
　 Raise your hand, please.　　　どうか手**を挙げてください**。
② I **grew up** in the countryside.　　私は田舎で**育った**。
　 I **bring up** those kids on my own.　私はあの子どもたち**を**自分で**育てている**。
③ The dog **lay** on the sofa.　　　　犬はソファに**横になった**。
　 I **laid** a book on the table.　　　私は本**を**テーブルに**置いた**。

　自動詞と他動詞が似ている動詞を学習していきます。① **rise**「上がる」は**自動詞**です。動詞の変化は、原形→過去形→過去分詞→ doing の順に、**rise-rose-risen-rising** になります。一方、**raise**「〜を上げる」は**他動詞**で、後ろに目的語である名詞を続けます。例文①の下の文のように **raise** your hand「あなたの手**を挙げる**」と使うので、おさえておきましょう。過去形と過去分詞は **raised**、doing は **raising** です。

　続いて、② **grow up**「育つ」は**自動詞**です。例文②の上の文 I **grew up** in the countryside. のように、後ろに in という前置詞を挟んで countryside と続きます。一方で、**bring up**「〜を育てる」は**他動詞**です。例文②の下の文のように **bring up** those kids「あの子どもたち**を育てる**」と目的語を直接後ろにとるか、**be brought up**「育てられる」と受動態で使います。

　最後が③ **lie**「横になる」で**自動詞**です。動詞の変化は、**lie-lay-lain-lying** です。「横になる」や「〜にある」と使います。例文③の上の文 The dog **lay** on the sofa.「犬はソファに**横になった**」のように、前置詞 on を挟んで the sofa と続けます。一方で、**lay**「〜を置く」は**他動詞**です。**lay-laid-laid-laying** と変化します。例文③の下の文のように I **laid** a book on the table.「私は本**を**テーブルに**置いた**」と目的語を後ろに置いて使います。lie の過去形と lay の原形が同じ形なので、時制から判断しましょう。

練習問題 ゼロからわかる英文法ドリル

日本語に合うように、空所に適切な語の番号を選びなさい。

1 太陽は東から昇る。

The sun （　　　） in the east.

① raises　　　　　　　② rises

2 近頃の子どもたちは成長が早い。

Children （　　　） fast these days.

① grow up　　　　　② bring up

3 私は手を娘の肩に置いた。

I （　　　） my hand on my daughter's shoulder.

① lay　　　　　　　② laid

日本語に合うように、空所に適切な英単語を書きなさい。

4 私は親を敬うように育てられた。

I （　　　　　　） （　　　　　　） （　　　　　　） to respect my parents.

5 彼は友達と一緒に床に横になっていた。

He was （　　　　　　） on the floor with his friends.

6 質問があれば手を挙げなさい。

（　　　　　　） （　　　　　　） （　　　　　　） if you have a question.

第52講 「借りる・貸す」の語法

POINT これを覚える!

① rent ⇒ 部屋や車を有料で借りる
② borrow ⇒ お金や本など移動可能なものを借りる
③ use ⇒ トイレなどの移動不可能なものを借りる
④ lend ⇒ lend O_1 O_2 で「O_1 に O_2 を貸す」

基本例文

① I **rented** an apartment a week ago.
　私は1週間前にアパートを**借りた**。
② I **borrowed** two books from the library.
　私は図書館から2冊本を**借りた**。
③ Could I **use** the bathroom?
　トイレを**お借りして**もいいですか?
④ My friend **lent** me the car.
　私の友人が私に車を**貸してくれた**。

英語で「**借りる**」の表現に、① rent があります。rent は「**有料**」で、「**部屋や車**」を**借りる**のに使います。例文① I **rented** an apartment a week ago. 「私は1週間前にアパートを**借りた**」のように**アパートを借りたり**、「レンタカー」と言うように**車を借りたりする**のに使います。

続いて、② borrow は、「**お金や本**」などの「**移動可能なもの**」を借りるのに使います。例文② I **borrowed** two books from the library. 「私は図書館から2冊本を**借りた**」のように、**図書館で本を借りる**際などに使います。

次に、③ use は本来「使う」ですが、borrow と違って、「**移動不可能**」な「**トイレや固定電話**」を借りる際に使います。すぐに返すなら、携帯電話を借りる際にも使えます。例文③ Could I **use** the bathroom? 「トイレを**お借りしても**いいですか?」のように、**トイレを使用する際の丁寧な表現**で使います。

最後が④ lend で、**第4文型で使う**ので、lend O_1 O_2 「O_1 に O_2 を貸す」でおさえておきましょう。①~③が「借りる」で、④の lend だけは「**貸す**」の意味です。例文④ My friend **lent** me the car. 「私の友人が私に車を**貸してくれた**」も第4文型です。

日本語に合うように、空所に適切な語の番号を選びなさい。

1 彼は私に自転車を貸してくれた。

He（　　　）me his bike.

① borrowed　　　　　　② lent

2 私は先週、父からお金を借りた。

I（　　　）money from my father last week.

① borrowed　　　　　　② rented

3 私は昨日、車を有料で借りた。

I（　　　）a car yesterday.

① rented　　　　　　② borrowed

日本語に合うように、空所に適切な英単語を書きなさい。

4 これが、私が1か月前に借りた家だ。

This is the house I（　　　　　　）a month ago.

5 お金を貸していただけますか？

Could you（　　　　　　）me some money?

6 トイレをお借りできますか？

Could I（　　　　　）the bathroom?

POINT これを覚える！

① speak ⇒ 自動詞で話者が中心
② talk　 ⇒ 自動詞で相手が必要
③ say　 ⇒ 他動詞で発話内容を目的語にとる
④ tell　 ⇒ 他動詞で相手に伝える

基本例文

① She **spoke to** me about her family.
　彼女は私に自分の家族について**話してくれた**。
② We **talked about** yesterday's game.
　私たちは昨日の試合**について話した**。
③ I **said** that I didn't want to meet her.
　私は彼女に会いたくないと**言った**。
④ She **told** me that she wanted to go home.
　彼女は私に家に帰りたいと**伝えた**。

　「言う」や「話す」を意味する単語は複数ありますが、それぞれを区別して使えるようにしましょう。まずは、① **speak**「話す」は**自動詞**です。**話者が中心**で、後ろに話し相手をとると **speak to（with）**「〜と話す」、後ろに話題をとると **speak about**「〜について話す」と使います。例文①のように、**speak to A about B**「A と B について話す」のように使います。

　続いて、② **talk**「話す」も**自動詞**です。speak との違いは、**talk は話し相手を必要**としていて「**おしゃべり**」のイメージです。例文②のように、後ろに話題をとると **talk about**「〜について話す」、後ろに話し相手をとると **talk to（with）**「〜と話す」と使います。

　次に、③ **say**「言う」は**他動詞**です。例文③ のように、発話内容を直接目的語にとることができます。

　最後の④ **tell**「伝える」も**他動詞**です。例文④のように、伝達相手と発話内容を目的語にとる **tell O₁ O₂**「O₁ に O₂ を伝える」でおさえておきましょう。

日本語に合うように、空所に適切な語の番号を選びなさい。

1　彼は自分の趣味について話した。

　　He（　　　）about his hobby.

　　① said　　　　　　　② talked

2　彼女は二度と私と話してくれないだろう。

　　She will never（　　　）to me again.

　　① speak　　　　　　② say

3　彼女はお腹が空いていると言った。

　　She（　　　）that she was hungry.

　　① said　　　　　　　② told

日本語に合うように、空所に適切な英単語を書きなさい。

4　あなたは一体何の話をしているんだ？

　　What are you（ t　　　　）（　　　　　　）?

5　彼女は私にその話をした。

　　She（　　　　　　）me the story.

6　彼は喉が渇いたと言った。

　　He（　　　　　　）that he was thirsty.

第54講 「合う」の語法

POINT これを覚える！

① fit ⇒ サイズが「合う」
② suit ⇒ 色や服装が人に「合う」
③ match = go with ⇒ ものとものが「合う」

基本例文

① This dress **fits** me.
このドレスは私にぴったり**合う**。
② Blue **suits** you well.
青がよく**お似合い**です。
③ The shoes **match** this blue jeans.
その靴はこの青いジーンズに**合っている**。
This tie **goes with** your shirt.
このネクタイは、あなたのシャツに**合っている**。

　英語で「〜に合う」を表す表現はいくつかありますが、その中で代表的なものを紹介します。まずは、① fit「〜に合う」は、**サイズが人の体に合う**ときに使います。「このシャツは私の体に**フィット**している」、「**ジャストフィット**」などは、すべて**サイズが合う**ときに使います。例文①のように、**洋服や靴がサイズが合う**ときに使います。

　続いて、② **suit**「〜に合う」は、**色や服装が人に合っている**ときに使います。例文②のように、**色が人に合う**とき、あるいは This dress **suits** you well.「このドレスはあなたによく**似合う**」のように、**服装が人に似合う**ときに使います。

　最後が、③ **match**「〜に合う」で、**ものとものが調和している**ときに使います。例文③の上の文のように、**主語の The shoes**、**目的語の this blue jeans** と、**ものとものが調和している**ときに使います。**match** と同じ意味を持つのが **go with** です。例文③の下の文のように、やはり**ものとものが調和している**ときに使います。

練　習　問　題　ゼロからわかる英文法ドリル

日本語に合うように、空所に適切な語の番号を選びなさい。

1 この靴は私のサイズに合わない。
　　These shoes don't（　　）me.
　　① suit　　　　　　　　　② fit

2 このコートは本当にあなたによく似合っている。
　　This coat really（　　）you.
　　① suits　　　　　　　　② fits

3 このネクタイは私のコートに合わない。
　　This tie doesn't（　　）my coat.
　　① match with　　　　　② go with

日本語に合うように、空所に適切な英単語を書きなさい。

4 赤がよくお似合いですね。
　　Red（ s　　　　　）you well.

5 このリボンはあなたの髪に合う。
　　This ribbon（　　　　　）your hair.

6 このズボンは私のサイズに合わない。
　　This pants don't（　　　　　）me.

問題

Q.1 riseの意味は？　また、自動詞、他動詞のどちらか？

Q.2 raiseの意味は？　また、自動詞、他動詞のどちらか？

Q.3 bring upの意味は？　また、自動詞、他動詞のどちらか？

Q.4 grow upの意味は？　また、自動詞、他動詞のどちらか？

Q.5 lieの意味と変化を述べよ。また、自動詞、他動詞のどちらか？

Q.6 layの意味と変化を述べよ。また、自動詞、他動詞のどちらか？

Q.7 rentとborrowとuseはどう区別する？

Q.8 lendのとる文型と意味は？

Q.9 speakとsayの違いは？　また、それぞれの特徴は？

Q.10 talkとtellの違いは？　また、それぞれの特徴は？

Q.11 fitの意味は？　また、特徴は？

Q.12 suitの意味は？　また、特徴は？

Q.13 matchの意味は？　また、特徴、同意表現は？

解答

Ⓐ.1 「上がる」、自動詞

Ⓐ.2 「〜を上げる」、他動詞

Ⓐ.3 「〜を育てる」、他動詞

Ⓐ.4 「育つ」、自動詞

Ⓐ.5 「横になる」、lie-lay-lain-lying で自動詞

Ⓐ.6 「〜を置く」、lay-laid-laid-laying で他動詞

Ⓐ.7 rent が部屋や車を有料で「借りる」、borrow はお金や本など移動可能なものを「借りる」、use はトイレなどの移動不可能なものを「借りる」

Ⓐ.8 第4文型で、lend O_1 O_2「O_1 に O_2 を貸す」

Ⓐ.9 speak は自動詞で話者が中心、say は他動詞で発話内容を目的語にとる

Ⓐ.10 talk は自動詞で相手が必要、tell は tell O_1 O_2「O_1 に O_2 を伝える」と伝える相手とその内容が続く

Ⓐ.11 「〜に合う」でサイズが人の体に合う

Ⓐ.12 「〜に合う」で、色や服装が人に合う

Ⓐ.13 ものとものが「合う」で、go with と同じ意味

「～を責める」の語法

第 37 講で理由の for を使った **blame A for B**「**A を B で責める**」を紹介しました。「**～を責める**」の動詞には、他にも **accuse**、**charge** があります。例文を 1 つずつ確認していきましょう。

> **Her mother accused her of carelessness.**
> 訳　彼女の母は、彼女を不注意で責めた。

accuse は blame と同じく「責める」の意味がありますが、その場合は **accuse A of B**「**A を B で責める**」という型をとり、前置詞の of を使います。この of は **about** と同じ意味で、「A を B について責める」＝「A を B で責める」になります。ちなみに、**accuse** は「**訴える**」の意味もあり、この意味では受動態で **be accused of**「**～で訴えられる**」と使われるので、おさえておきましょう。

次の例文に進みます。

> **He was charged with selling drugs.**
> 訳　彼は薬物を売ったことで告発された。

charge は **charge A with B** で「**A を B で責める**」と使います。関連の with が使われて、「A を B に関して責める」＝「A を B で責める」と使います。accuse と同様に「**訴える**」の意味があるので、上の例文のように受動態で **be charged with**「**～で訴えられる**」と使うので、おさえておきましょう。

まとめると、**非難の abc** と頭文字をとって、**accuse A of B**、**blame A for B**、**charge A with B** とすべて「**A を B で責める**」の意味になります。それぞれ前置詞が異なる点をおさえておきましょう。特に、**blame A for B** は頻出です。

第10章

形容詞・副詞・名詞の語法

POINT これを覚える！

① **price、salary、income** の高低は **high、low** を使う
② **traffic** の多い少ないは **heavy、light** を使う
③ **population、audience** の多い少ないは **large、small** を使う

📝 基本例文

① The **price** of the watch is **high**.
　その時計の**価格は高い**。
② The **traffic** is **heavy** on the road.
　その通りは**交通量が多い**。
③ How **large** is the **population** of Tokyo?
　東京の**人口はどれくらいですか**？

　形容詞の語法とは、名詞と形容詞の相性の理解のことです。例えば、① **price**「価格」が高い、低いというと、expensive、cheap を使ってしまいがちです。しかし、**expensive**「高価な」、**cheap**「安価な」には元々 price「価格」のニュアンスが含まれているので、使いません。よって、**price** の高低には、例文①のように、**high** や **low** を使います。その他にも、**salary**「給料」、**income**「収入」の高低にも **high、low** を使うので、おさえておきましょう。

　続いて、② **traffic**「交通量」の「多い、少ない」には、**heavy、light** を使います。traffic の多い、少ないには many、few を使いません。例文②のように、量が重い、軽いと考えて、**heavy** や **light** を使うので、おさえておきましょう。

　最後が、③ **population** の「多い、少ない」には **large、small** を使います。population の「多い、少ない」に many、much、few は使えません。例文③ How **large** is the **population** of Tokyo?「東京の**人口はどれくらいですか**？」のように、「多い」には **large**、「少ない」には **small** を使うので、おさえておきましょう。同じように考える名詞に、audience「聴衆」があります。**audience** の「多い、少ない」に **large、small** を使うことも、おさえておきましょう。

日本語に合うように、空所に適切な語の番号を選びなさい。

1 日本の人口はどれくらいですか？

How （　　　） is the population of Japan?

① large　　　　　　　② much

2 その車の価格は安い。

The price of the car is （　　　）.

① low　　　　　　　② cheap

3 その通りは交通量が少ない。

The traffic is （　　　） on the street.

① light　　　　　　　② few

日本語に合うように、空所に適切な英単語を書きなさい。

4 彼の給料は安い。

His salary is （　　　　　）.

5 道路が混んでいたので、仕事に遅れた。

The traffic was （ h　　　　　）, and I was late for work.

6 中国の人口は、日本の人口よりずっと多い。

The population of China is much （　　　　　） than that of Japan.

POINT これを覚える！

① ago は過去時制 ⇔ before は過去完了
② these days は現在時制 ⇔ それ以外は recently
③ yet は否定文と疑問文 ⇔ already は肯定文

基本例文

① I **left** the office **an hour ago**.
私は**1時間前**にオフィスを出た。
I **had met** her **five years before**.
私は彼女にその**5年前**に出会っていた。
② I **don't drink these days**.
私は**最近**お酒を飲んでいない。
I **have recently got** a new car.
私は**最近**新車を買った。
③ He hasn't **yet** returned home.
彼は**まだ**家に戻っていない。
Have you finished your homework **yet**?
もう宿題は終えましたか？
I have **already** finished the work.
私は**すでに**仕事を終えました。

　副詞の語法は、①「**〜前**」の使い分けから始めましょう。「〜前」の表現は、**〜 ago** と**〜 before** があります。例文①の上の文のように、**〜 ago は過去時制**と、例文①の下の文 I **had met** her **five years before**.「私は彼女にその5年前に出会っていた」のように、**〜 before は過去完了**と一緒に使います。

　続いて、②「**最近**」は、**these days**、**recently** などがあります。例文② の上の文のように、**these days は現在時制**と、例文②の下の文のように、**recently は現在完了形や過去完了形、過去時制**と使います。

　最後に、③ **yet**「**まだ**」**は否定文**と、**already**「**すでに**」**は肯定文**で使います。さらに、例文③の真ん中の文のように、**yet は疑問文で「もう〜しましたか？」**のように使うので、おさえておきましょう。

日本語に合うように、空所に適切な語の番号を選びなさい。

1 私は５年前に彼と出会った。
I met him five years （　　　）.
① before　　　　　　　　② ago

2 私たちは最近結婚した。
We got married （　　　）.
① these days　　　　　② recently

3 私の注文がまだきていない。
My order hasn't come （　　　）.
① already　　　　　　　② yet

日本語に合うように、空所に適切な英単語を書きなさい。

4 私は彼がその手紙を２日前に書いたと聞いた。
I heard that he had written that letter two days （　　　　　　）.

5 彼女は最近幸せそうだ。
She seems to be happy （　　　　　）（　　　　　）.

6 私はすでにそのニュースを聞いた。
I have （　　　　　） heard the news.

POINT　これを覚える！

① fee　　　「入会金」と「専門職への謝礼」
② fare　　「（交通機関の）運賃」
③ fine　　「罰金」
④ cost　　「費用」
⑤ charge　「（サービスへの）料金」

基本例文

① How much is the admission **fee**?
　入場料はいくらですか？
② The bus **fare** is 6 dollars.
　バスの**運賃**は6ドルです。
③ I had to pay a ten dollars **fine**.
　私は 10 ドルの**罰金**を払わなければならなかった。
④ The **cost** of living has gone up again.
　生活費がまた上がった。
⑤ Delivery is free of **charge**.
　配達は**無料**です。

　英語で「お金」を意味する単語はたくさんありますが、代表的なものをとり上げていきます。最初は① fee「料金」ですが、「何かに入るためのお金」と「専門職への謝礼」で使われます。例文① How much is the admission fee?「**入場料**はいくらですか？」のように、「**入場料**」で admission fee や entrance fee などが使われます。他にも、**学校の授業への謝礼**で tuition fee「**授業料**」があります。

　続いて、② fare「**運賃**」です。例文②のように、**バスやタクシーなどの運賃**で fare を使います。次に、③ fine「**罰金**」です。fine「素敵な」とスペリングは同じですが、意味は違います。**finish** と同じ語源で、**戦争などをお金を払うことで終わらせる賠償金**から「罰金」の意味になります。

　④ **cost** は購入などに必要な「**費用**」です。例文④の the **cost** of living「**生活費**」をおさえておきましょう。続いて、⑤ **charge** は「（**サービスへの**）料金」です。例文⑤のような、free of **charge**「**無料で**」をおさえておきましょう。

日本語に合うように、空所に適切な語の番号を選びなさい。

1 子どもは無料で入場できる。
　　Children are admitted free of (　　　).
　　① fare　　　　　　　　　　② charge

2 あなたは自分でその施設の入場料を払う必要がある。
　　You have to pay your own entrance (　　　) to the facility.
　　① fare　　　　　　　　　　② fee

3 運賃はいくらですか？
　　How much is the (　　　)?
　　① fare　　　　　　　　　　② fine

日本語に合うように、空所に適切な英単語を書きなさい。

4 私はスピード違反で 40 ドルの罰金をとられた。
　　I got a forty-dollar (　　　　　　) for speeding.

5 授業料は今月末までに払わなければならない。
　　The (　　　　　　) (　　　　　　) must be paid by the end of this month.

6 ニューヨークの生活費はとても高い。
　　The (　　　　　) (　　　　　) (　　　　　) in New York is very high.

第58講「お客」の語法

POINT これを覚える！

① customer 「顧客（こきゃく）」
② passenger 「乗客」
③ guest 「招待客」
④ audience 「聴衆（ちょうしゅう）」
⑤ spectator 「観客（かんきゃく）」
⑥ client 「依頼人（いらいにん）」

✎ 基本例文

① The **customer** is always right.
　お客様は常に正しい。
② One more **passenger** got on.
　さらに1人の**乗客**が乗った。
③ He played the violin for the **guests**.
　彼は**招待客**のためにバイオリンを弾いた。
④ The **audience** was laughing.
　聴衆は笑っていた。
⑤ The baseball game attracted over 30,000 **spectators**.
　その野球の試合は3万人を超える**観客**を引き付けた。
⑥ I am acting for my **client**.
　私は**依頼人**の代理を務めております。

　英語で「**お客**」を意味する語はいくつかありますが、まずは、① **customer**「**顧客**」です。customer の語源がわかれば「顧客」の意味もわかります。**custom**「習慣」＋ **-er**「〜する人」＝「習慣的に買い物してくれるお得意様」を「顧客」といいます。続いて、② **passenger** はバスやタクシーの「**乗客**」を意味します。**pass**「通り過ぎる」＋ **-er**「〜する人」＝「乗り物に乗って目の前を通り過ぎる客」＝「乗客」です。

　次に③ **guest**「（パーティなどの）**招待客**」です。hotel guest とすると「**ホテルの宿泊客**」を意味します。④ **audience** は **audi**「耳」に関する客なので、「（コンサートなどの）聴衆」です。⑤ **spectator** は **spect**「見る」に関する客なので「（試合などの）観客」です。⑥ **client** は、主に**弁護士などの**「依頼人」です。

日本語に合うように、空所に適切な語の番号を選びなさい。

1 乗客の安全がとても重要だ。
　The safety of (　　　) is very important.
　① customers　　　　　② passengers

2 そのレストランはお客を呼ぶのによい場所にある。
　The restaurant is well placed to attract (　　　).
　① customers　　　　　② passengers

3 そのショーは多くの観客を集めた。
　The show drew a great many (　　　).
　① spectators　　　　　② clients

日本語に合うように、空所に適切な英単語を書きなさい。

4 聴衆は、その歌手がもう一度歌うことを要求した。
　The (　　　　　) demanded the singer perform once more.

5 乗客はシートベルトの着用が必要とされる。
　(　　　　　) are requested to fasten their seat belts.

6 私は5時に依頼人と面談する予定だ。
　I am going to see my (　　　　　) at five.

問題

Q.1 price「価格」の「高い」、「安い」には何を使うか？

Q.2 Q.1のpriceと同じ特徴の単語をあと2つ挙げなさい。

Q.3 traffic「交通量」の「多い」、「少ない」は何を使うか？

Q.4 population「人口」の「多い」、「少ない」は何を使うか？

Q.5 Q.4のpopulationと同じ特徴の単語を1つ挙げなさい。

Q.6 「〜前」を意味する〜 agoと〜 beforeの違いは？

Q.7 「最近」を意味するthese daysとrecentlyの違いは？

Q.8 yetとalreadyをどう使い分ける？

Q.9 fee「料金」はどんなときに使うか？

Q.10 fareの意味と何に使う？

Q.11 fineを名詞で使うとどんな意味になる？

Q.12 英語で「生活費」は何と言う？

Q.13 chargeとpriceの違いは？

Q.14 free of chargeの意味は？

Q.15 customerの意味は？　また、どんなときに使う？

Q.16 passengerの意味は？　また、どんなときに使う？

Q.17 guestの意味は？　また、どんなときに使う？

Q.18 audienceの意味は？　また、どんなときに使う？

Q.19 spectatorの意味は？　また、どんなときに使う？

Q.20 clientの意味は？　また、どんなときに使う？

Ⓐ. 1 high、low（expensive、cheap は使わない）

Ⓐ. 2 salary「給料」、income「収入」

Ⓐ. 3 heavy、light。「道路が混んでいる」では、busy を使ってもよい

Ⓐ. 4 large、small

Ⓐ. 5 audience「聴衆」

Ⓐ. 6 〜 ago は過去時制と、〜 before は過去完了と使う

Ⓐ. 7 these days は現在時制と、recently は現在完了形（過去完了形）や
過去時制と使う

Ⓐ. 8 yet は否定文で「まだ〜ない」、疑問文で「もう〜しましたか？」、
already は肯定文で「すでに〜した」と使う

Ⓐ. 9 「何かに入るためのお金」と「専門職への謝礼」

Ⓐ. 10 バスやタクシーなどに使う「（交通機関の）運賃」

Ⓐ. 11 「罰金」

Ⓐ. 12 the cost of living

Ⓐ. 13 charge は「（サービスへの）料金」、price は「（ものの）価格」

Ⓐ. 14 「無料で」

Ⓐ. 15 「顧客」、デパートやスーパーなどのお得意様

Ⓐ. 16 バスやタクシーの「乗客」

Ⓐ. 17 「招待客」、パーティの招待客やホテルの宿泊客にも使うことが
できる

Ⓐ. 18 「聴衆」で、コンサートなどの客に使う

Ⓐ. 19 「観客」で、野球の試合などの客に使う

Ⓐ. 20 「依頼人」で、弁護士などの客に使う

「予約」の語法

> **Q.** 私は今日美容院の予約がある。
> **I have a beauty salon (   ) today.**
> ① reservation   ② appointment

　日本語の「**予約**」にあたる表現には、**appointment** と **reservation** があります。両者を区別して使い分けることが重要になります。**appointment** は、正確には「**人との面会の約束**」です。例えば、「誰かとアポをとる」というときは、「誰かと会う約束をする」ということなので、**病院の予約や美容院の予約**にまで幅広く使うことができます。**病院なら医師、美容院なら美容師**と、やはり「**人との面会の約束**」になります。よって、上のクイズは、「**美容院の予約**」＝「**美容師との面会の約束**」なので、**②が正解**です。

　一方で、**reservation** の「予約」は、「**座席・部屋の確保**」です。動詞が reserve「とっておく」から、「**座席・部屋をとっておくこと**」になります。下の例文をご覧ください。

> **I have to make a dinner** reservation.
> **訳**　私は夕食の予約をしなければならない。

　reservation は列車や飛行機、**レストラン**、**ホテルの予約**に使うことができます。列車や飛行機であれば、「**座席の確保**」、レストランであれば「**テーブルの確保**」、ホテルであれば「**部屋の確保**」になります。

　ちなみに、**reservation** はアメリカ英語で、イギリス英語では **booking**「**予約**」が同じ意味になります。日本語でも二重に予約することをダブルブッキングといいます。**book** が動詞で「**予約する**」の意味になることもおさえておきましょう。

おわりに

　本書を手に取り、最後まで読んでくださって、本当にありがとうございました。

　本書は、『大学入試　肘井学の　ゼロから英文法が面白いほどわかる本』の続編となります。前作で、最重要項目の時制、助動詞、準動詞、関係詞、比較までに内容を限定していたものを、接続詞、名詞、前置詞、形容詞、副詞や語法にまでその範囲を広げました。

　そして、前作のよい点を踏襲しつつ、本作ではさらにいくつかの要素を追加しました。文法用語の説明、英文法の見取り図、簡潔な説明を心がけて、途中で挫折することのないように設計してあります。

　さらに、口頭チェックテストを設けたことは、本書の効果を何倍にもしてくれる仕掛けになると思います。英語に限った話ではありませんが、英語学習で最も重要なのは、反復、すなわち繰り返すことです、本書の口頭チェックテスト、練習問題を何度も繰り返して完璧にしてください。

　最後に、本書の企画・編集を担当してくださった株式会社 KADOKAWA の丸岡希実子様、本書に素敵なデザインを施してくださったワーク・ワンダースの皆様、本書の校正を念入りにしてくださった方々、最後までお付き合いいただいた読者の皆様に、心から御礼を申し上げます。

肘井　学

本文デザイン／ワーク・ワンダース
編集協力／城戸千奈津
音声収録／英語教育協議会 ELEC
音声出演／Howard Colefield
　　　　　Jennifer Okano
　　　　　水月優希
校正／東京出版サービスセンター

スマホで音声をダウンロードする場合

abceed
AI英語教材 エービーシード

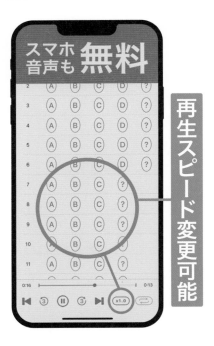

ご利用の場合は、下記のQRコードまたはURLより
スマホにアプリをダウンロードしてください。

https://www.abceed.com
abceedは株式会社Globeeの商品です。

肘井 学（ひじい がく）

　慶應義塾大学文学部英米文学専攻卒業。全国のさまざまな予備校を
へて、リクルートが主催するネット講義サービス「スタディサプリ」
の教壇に立ち、高校生、受験生から英語を学びなおす社会人まで、圧
倒的な満足度を誇る。「スタディサプリ」で公開される「英文読解」
の講座は、年間25万人の生徒が受講する超人気講座となっている。
　主な著書に『大学入試　肘井学の　ゼロから英語長文が面白いほど
わかる本　音声ダウンロード付』『大学入試　肘井学の　ゼロから英
文法が面白いほどわかる本　音声ダウンロード付』『語源とマンガで
英単語が面白いほど覚えられる本』『大学入試　肘井学の　作文のた
めの英文法が面白いほどわかる本　音声ダウンロード付き』『大学入
試　肘井学の　読解のための英文法が面白いほどわかる本　難関大編
音声ダウンロード付』『話すための英文法ハック100』『大学入試　肘
井学の　読解のための英文法が面白いほどわかる本　必修編　音声ダ
ウンロード付』（以上、KADOKAWA）、『高校の英文法が1冊でしっ
かりわかる本』『高校の英文読解が1冊でしっかりわかる本』『大学入
試レベル別英語長文問題ソリューション』シリーズ（以上、かんき出
版）、『大学入試　すぐわかる英文法』（教学社）などがある。

大学入試　肘井学の　ゼロから英文法が
面白いほどわかる本　NEXT　音声ダウンロード付

2023年2月17日　初版発行
2023年11月15日　再版発行

著者／肘井 学

発行者／山下 直久

発行／株式会社KADOKAWA
〒102-8177　東京都千代田区富士見2-13-3
電話 0570-002-301（ナビダイヤル）

印刷所／株式会社加藤文明社印刷所

●お問い合わせ
https://www.kadokawa.co.jp/（「お問い合わせ」へお進みください）
※内容によっては、お答えできない場合があります。
※サポートは日本国内のみとさせていただきます。
※Japanese text only

定価はカバーに表示してあります。

大学入試

肘井 学のゼロから

英文法

が面白いほどわかる本

NEXT

スタディサプリ講師

肘井 学

音声ダウンロード付

別　冊

この別冊は、本体にこの表紙を残したまま、
ていねいに抜き取ってください。
なお、この別冊の抜き取りの際の損傷につい
てのお取り替えはご遠慮願います。

肘井 学のゼロから
英文法
が面白いほどわかる本
NEXT

スタディサプリ講師
肘井 学

音声ダウンロード付

別　冊

目 次

＊音声は、1つのページに掲載されている文章を、1つのトラックにまとめて収録されています

＊トラック1～14では和文から、トラック15～28では英文から読まれます

例 p.035に掲載されている 第1講 ～ 第4講 の文章が、トラック1では和文→英文の順に読まれ、トラック15では英文→和文の順に読まれます

第 1 講

本 誌

P.013

［解答］　［解説］

1 ① 「急ぎ**なさい、そうすれば**…」から、**命令文 , and** ….を推測して、①が正解。

2 ① 空所の前の Both から、**both A and B**「**A と B 両方**」を推測して、①が正解。

3 ② 空所の前の neither から、**neither A nor B**「**A も B も～ない**」を推測して、②が正解。

4 Hurry up ／ or 「急ぎ**なさい、さもなければ**…」から、**命令文 , or** ….を推測して、**Hurry up** と **or** が正解。

5 Not only ／ but also 「彼だけでなく彼の友人も」から、**not only A but also B**「**A だけでなく B も**」を推測して、**Not only、but also** が正解。

6 Either ／ or 「あなた**か**私のどちら**か**が」から、**either A or B**「**A か B か**」を推測して、**Either、or** が正解。

第 2 講

本 誌

P.015

［解答］　［解説］

1 ① 空所の後ろが **it was** と**文構造**がきているので**接続詞**の①が正解。② **during は前置詞**なので**後ろに文構造を続けることはできない**ことをおさえておく。

2 ② 「あなたが行く**前に**」から、②が正解。① After は「～したあとに」の意味。

3 ① 「**～からずっと**」で**完了形**と相性がよいのは① since。② from は「～から」の意味で前置詞なので、後ろに文構造を続けることはできない。

4 When 「電話が鳴った**とき**」から、**When** が正解。

5 after 「授業が終わった**あとに**」から、**after** が正解。

6 since 「子どもの頃**からずっと**」から、**since** が正解。

第 3 講

本 誌

P.**017**

［解答］　［解説］

1 ②　空所の後ろに she couldn't find と SV の文構造が続いているので、**接続詞の**②が正解。① because of は 2 語で 1 語の前置詞の扱いなので、後ろに文構造を置くことはできない。

2 ②　「今日は素晴らしい天気**なので**」から**理由を表す**②が正解。① From は**前置詞**なので、後ろに文構造を置くことはできない。

3 ②　「私の兄は賢い**ので**」から**理由を表す**②が正解。① In は**前置詞**なので、後ろに文構造を置くことはできない。

4 Since　「頭痛がした**ので**」と頭文字の S から、**理由を表す** Since が正解。

5 because　「少し熱があった**ので**」と頭文字の b から、**理由を表す** because が正解。

6 As　「暗くなってきた**ので**」と頭文字の A から、**理由を表す** As が正解。

第 4 講

本 誌

P.**019**

［解答］　［解説］

1 ②　「明日雨が降る**なら**」から、②が正解。① Unless は「〜**しない限り**」の意味。

2 ①　「雪が降ら**ない限り**」から、① unless「〜**しない限り**」が正解。

3 ②　「私は恥ずかしがり屋**だけれども**」から、② While「〜**だけれども**」が正解。

4 If　「**もし〜あれば**」から、If が正解。anything I can do の anything と I の間に関係詞が省略されている。

5 unless　「雨が降ら**ない限り**」から、unless が正解。

6 While　「私はコーヒーが好き**だけれども**」と頭文字の W から、While が正解。

[解答]

1 ②

2 ①

3 ②

4 The fact that

5 the news that

6 the idea that

[解説]

空所の後ろの文が you study English と第 3 文型の**完全文**で、**接続詞の that** が入るので、②が正解。**関係代名詞の what** は「～こと」の名詞節を作れるが、**後ろは名詞が欠けている不完全文**になる。

( ) is important で「**重要なこと**」の名詞節を作り、後ろの文の主語が欠けている不完全文なので、関係代名詞の①が正解。②の That は接続詞で後ろが完全文のときに使う。

( ) you should respect your parents「**あなたが親を尊敬すべきこと**」という**名詞節**で、**空所の後ろが完全文**なので、接続詞の②が正解。形式主語の it を that 節で受けている文。

「**～という事実**」から、**同格の that** を使った **The fact that** が正解。

「**～という知らせ**」から、**同格の that** を使った **the news that** が正解。

「**～という考え**」から、**同格の that** を使った **the idea that** が正解。

第 6 講

本 誌

P.023

[解答]　[解説]

1 ②　「聞こえる**ように**」から、**so that S [助動詞]**「**～ように**」を推測して、②が正解。

2 ②　後ろの that から、**so ～ that** …と **such ～ that** …「**とても～なので…**」を推測する。空所の後ろが **a wonderful book** と名詞がきているので、**形容詞の②** **such** が正解。

3 ①　空所の前の **so** に着目して、**so ～ that** …「**とても～なので…**」を推測して、①が正解。

4 so / that　「**とても**速いスピードで運転していた**ので**」から、**so ～ that** …を推測して so と that が正解になる。

5 such / that　「**とても**素晴らしい芸術家な**ので**」から、**so ～ that** …を推測するが、先頭の空所の後ろが an excellent artist と名詞がきているので、**副詞**の **so** は空所に入れられない。**such ～ that** …も意味は同じで、**such** は**形容詞**で名詞を修飾できるので、**such** と that が正解になる。

6 in that　「話したり考えたりできる**という点で**」から、**in that**「**～という点で**」を推測して in that が正解になる。

［解答］

1 ②

2 ①

3 ②

4 as ／ older

5 as

6 do as

［解説］

「〜**につれて**」の日本語と、**grew older** と変化を表す動詞と比較級が使われていることから、**比例の as** の②が正解。

「私たちは、話をしていた**とき**」から、**時の as** の①が正解。おしゃべりとお酒を飲むという２つの行為が、ほぼ同時に起きているときに **as** を使う。

「言われた**とおりに**」から、**様態の as**「〜**ように**」の②が正解。

「年をとる**につれて**」から、**比例の as** を推測して、最初の空所に入れる。「年をとる」から、２番目の空所には **older** を入れる。

「ちょうど出かけようとしている**ときに**」から、**時の as** が正解。

「郷に入りては郷に従え」＝「ローマにいるときは、ローマ人がやる**ように**やりなさい」から、**様態の as** を推測して、**do as** が正解。

［解答］

1 ②

2 ①

3 ②

4 in case

5 Now that

6 Every（Each）time

［解説］

「**一度**仕事が見つかると、〜」から、**Once 〜, SV.** を推測して、②が正解。本問では、SV, once 〜の順になっている。

「**今や**あなたは大人**なのだから**、〜」から、**Now that 〜, SV.** を推測して、①が正解。

「彼を見る**たびに**、〜」から、**Every time 〜, SV.** を推測して、②が正解。

「雪が降る**場合に備えて**、〜」から、**SV in case 〜.** を推測して、**in case** が正解。

「**今や**あなたは高校生な**ので**、〜」から、**Now that 〜, SV.** を推測して、**Now that** が正解。

「私が彼のオフィスを訪れる**たびに**、〜」から、**Every time 〜, SV.** を推測して、Every time が正解。**Each time** でも正解。

第9講

本誌

P.031

[解答]　[解説]

1 ①　カンマの後ろの you can change が文の SV なので、**カンマより手前は文型に入らず、副詞節の if「もし〜なら」になるので、①**が正解。

2 ②　know は他動詞なので目的語が必要になり、if 〜 married を目的語にとる。目的語になれるのは名詞だけなので、**名詞節の if「〜かどうか」**になり、②が正解。

3 ②　know は他動詞なので目的語が必要になり、whether 〜 not を目的語にとる。目的語になれるのは名詞だけなので、**名詞節の whether「〜かどうか」**になり、②が正解。

4 Whether ／ not　「彼女が来**ても**来**なくても**」から、**whether A or not** を推測して、**Whether**、**not** が正解。

5 Whether ／ not　「彼がお金持ち**かどうか**」から、**Whether A or not** を推測して、**Whether**、**not** が正解。

6 if　「**もし**よかったら」から、**副詞節の if** を推測して **if** が正解。

第10講

本誌

P.033

[解答]　[解説]

1 ①　「**〜するときまでには**」から、**By the time 〜, SV.** を推測して、①が正解。本問では、SV by the time 〜. で使われている。until は「〜までずっと」の意味。

2 ②　「**〜までずっと**」から、**SV, until 〜.** を推測して、②が正解。

3 ②　「**私の知る限り**」から、**as far as I know** を推測して、②が正解。**as far as** は程度や距離の限界、**as long as** は時間の限界や条件を表す。

4 By the time　「**〜するときまでには**」から、**by the time** を推測して、**By the time** が正解。

5 As far as　「**私が知る限り**」から **as far as I know** を推測して、**As far as** が正解。

6 As long as　「あなたが働いている**限り**、十分なお金がある」から、**条件を表す as long as** を推測して、**As long as** が正解。

[解答]

1 ②

2 ①

3 ①

4 As soon as

5 Hardly ／ when

6 No sooner ／ than

[解説]

1 「部屋が空い**たらすぐに**」から、**as soon as** を推測して、②が正解。①は **no sooner A than B**「**A するとすぐに B**」で使う。

2 空所の後ろの **than** から、**no sooner A than B** を推測して、①が正解。**No sooner** を文頭に出すと後ろが**倒置する**ことに注意する。

3 文頭の **No sooner** から、**no sooner A than B**「**A するとすぐに B**」を推測して、①が正解。

4 「～が終わ**るとすぐに**」から、**as soon as** を推測して、**As soon as** が正解。

5 先頭の**空所の後ろが倒置**していて、頭文字の **H** があてられているので、**hardly A when B** を推測して、**Hardly**、**when** が正解。

6 先頭の空所が2個あり、2番目の**空所の後ろが倒置**になっているので、**no sooner A than B**「**A するとすぐに B**」を推測して、**No sooner**、**than** が正解。

[解答]

1 ①、④、⑥

2 ①、③、⑥

3 ①、③、⑥

[解説]

1 **money**「お金全部」、**furniture**「家具類」、**baggage**「荷物全部」と全部ひとまとめで考える**不可算名詞**。訳はそれぞれ以下のとおり。

① **お金**　② バッグ　③ 机　④ **家具**　⑤ 椅子　⑥ **荷物**

2 **water**「水」は**物質名詞で不可算名詞**、**work**「仕事」、**advice**「助言」は**目に見えない抽象名詞で不可算名詞**。②の **job** は具体的な仕事を指すので、**可算名詞**になる。訳はそれぞれ以下のとおり。

① **水**　② 仕事　③ **仕事**　④ 本　⑤ 電話　⑥ **助言**

3 **information**「情報」、**homework**「宿題」、**fun**「楽しみ」は**目に見えない抽象名詞で不可算名詞**。訳はそれぞれ以下のとおり。

① **情報**　② 傘　③ **宿題**　④ 冷蔵庫　⑤ 家　⑥ **楽しみ**

第13講

本誌

P.**045**

［解答］

1 ①

2 ②

3 ①

4 ②

5 ②

6 ②

［解説］

money が**不可算名詞**で、**many** では修飾できずに **much** を使うので、①が正解。

friends が**可算名詞**で、**much** では修飾できずに **many** を使うので、②が正解。

information が**不可算名詞**で、**few** では修飾できずに **little** を使うので、①が正解。

students が**可算名詞**で、**little** では修飾できずに **few** を使うので、②が正解。

homework が**不可算名詞**で、**複数形にできず単数形で使う**ので、②が正解。

furniture が**不可算名詞**なので、**冠詞の a を付けないで使う**②が正解。

第14講

本誌

P.**047**

［解答］

1 ②

2 ②

3 ①

4 made friends with

5 hands with

6 change trains

［解説］

make friends with「**〜と仲よくなる**」から、②が正解。仲よくなるには２人の人間が必要なので、friends と複数形にすることに注意する。

shake hands with「**〜と握手する**」から、②が正解。握手するには２つの手が必要なので、hands と複数形にすることに注意する。

change trains「**電車を乗り換える**」から、①が正解。電車を乗り換えるには２つの電車が必要なので、trains と複数形にすることに注意する。

「**〜と仲よくなった**」から、**make friends with** を過去形にした **made friends with** が正解。

「**握手した**」から、**shake hands with** を推測して、shake の過去形の shook が空所の前にあるので、残りの **hands with** が正解。

「**電車を乗り換える**」から、**change trains** が正解。

［解答］　　　　［解説］

1 ②
空所の後ろの older of the two から、**the ＋ 比較級 of the two**「２人のうちで〜な方だ」を推測して、②が正解。**一方に特定できるので the を使う。**

2 ②
空所の前後の by、day から、**単位の by** を使った **by the day**「１日単位で」を推測して、②が正解。

3 ②
「弱者」と空所の後ろの weak から、**the ＋ 形容詞**「〜な人々」の **the weak**「弱者」を推測して、②が正解。

4 the cheaper
空所の後ろの of the two watches と、「２つの時計のうち、どちらが安い」から、**the ＋ 比較級 of the two**「２つのうちで〜な方だ」を推測して、**the cheaper** が正解。

5 by the hour
「１時間単位で」から、**by the hour** を推測して、これが正解。

6 the old
「高齢者」から、**the ＋ 形容詞**「〜な人々」を推測して、**the old** が正解。「高齢者」のもっと丁寧な表現は、**the elderly** とすることもおさえておく。

第16講

本 誌

P.**053**

［解答］ ［解説］

1 ② 空所の前後の caught him、the arm から、**catch O by the arm**「**O の腕をつかむ**」を推測して、②が正解。

2 ① 空所の前後の tapped me on、shoulder から、**tap O on the shoulder**「**O の肩を叩く**」を推測して、①が正解。me で誰に触れているのかわかるので、my ではなく部位を特定する the を使うことに注意する。

3 ② 空所の前後の looked her、the eye から、**look O in the eye**「**O の目を見る**」を推測して、②が正解。

4 caught ／ by the 「私の**腕をつかんだ**」から、**catch O by the arm** を推測して、過去時制の **caught**、**by the** が正解。

5 on the 「娘の**肩を叩いた**」から、**tap O on the shoulder** を推測して、**on the** が正解。

6 in the 「私の**目を見た**」から、**look O in the eye** を推測して、**in the** が正解。

第17講

本 誌

P.**061**

［解答］ ［解説］

1 ② 「**自由にお取りください**」と空所の前後の Help、to から、**help oneself to**「**～を自由に取って食べる**」を推測して、②が正解。

2 ② 「英語は**通じなかった**」と空所の前の make myself から、**make oneself understood**「**自分の言うことを理解してもらう**」を推測して、②が正解。

3 ② 「**自分の声を届かせる**」と空所の前の make myself から、**make oneself heard**「**自分の声を届かせる**」を推測して、②が正解。

4 Help yourself to 「もう１つ**お取りください**」から、**help oneself to** を推測して、**Help yourself to** が正解。

5 make himself heard 「**自分の声を届かせる**」から、**make oneself heard** を推測して、**make himself heard** が正解。

6 make ／ understood 「**自分の考えを理解してもらう**」から、**make oneself understood** を推測して、**make**、**understood** が正解。

[解答]

1 ①

2 ②

3 ②

4 one

5 that

6 it

[解説]

取った石そのものを指すので it を使って、①が正解。

ペンと同じ種類のものを求めているので one を使って、②が正解。

The climate の代名詞で、**後ろに of Hawaii の修飾語句を置く**ので **that** を使って、②が正解。**it は後ろに修飾語句を置けない**こともおさえておく。

傘と同じ種類のものを買うので **one** が正解。なくした傘そのものを指す場合は it を使う。

The population の代名詞で、**後ろに of Osaka を置く**ので **that** が正解。

購入した時計そのものをなくしたので、**it** が正解。

[解答]

1 ①

2 ②

3 ②

4 Both

5 Any of

6 neither

[解説]

「2人とも」から、**both** を使うので、①が正解。②の **All** は3人以上に使うこともおさえておく。

「2つのアイデアのうち、どちらでも」から、**either** を使うので、②が正解。**any**「どれでも」は3つ以上に使うこともおさえておく。

「誰も〜ない」で3つ以上が対象なので、**none** を使って、②が正解。① **neither**「どちらも〜ない」は2つを対象に使うこともおさえておく。

「2人の男の子の両方とも」から、**Both** が正解。

「3つのアイデアのうち、どれでも」から、**Any of** が正解。

「2つ提案をしたが、どちらも受け入れられなかった」から、**neither** が正解。

第20講

本 誌

P.**067**

［解答］　　　［解説］

1 ①　　　**one of ～**「～の１つ」は、～を**複数名詞**にするので、①が正解。

2 ①　　　**each of ～**「～のそれぞれ」は認められても、**every of**はないので、①が正解。

3 ②　　　「～のほとんど」から、**most of ～**を使うので、②が正解。**almost of ～**は認められないこともおさえておく。

4 Some of　「～の一部」と are で受けているので、**Some of** が正解。

5 each of　「～のそれぞれ」から、**each of** が正解。

6 Most of　「～のほとんど」から、**Most of** が正解。

第21講

本 誌

P.**069**

［解答］　　　［解説］

1 ②　　　複数あるネクタイのうち不特定の１つなので、**another** を使って②が正解。**the other** は残りの１つに使う。

2 ①　　　残りの１人なので **the other** を使って、①が正解。**another** は複数あるもののうち不特定の１つに使う。

3 ②　　　３冊あって、残りすべての２冊なので **the others** を使って、②が正解。**the other** は残りの１つに使う。

4 ②　　　「～な人もいれば、…な人もいる」から、**Some ～, and others …**. を推測して、②が正解。

5 another　To know is one thing から、**A is one thing, and B is another.**「AとBとは別のものだ」を推測して、**another** が正解。

6 Some ／ others　「～する人もいれば、…する人もいる」から、**Some ～, and others …**. を推測して、**Some**、**others** が正解。

[解答]

1 ②

2 ②

3 ②

4 alive

5 asleep

6 sleeping

[解説]

前に置いて後ろの名詞を修飾するには sleeping を使うので、②が正解。asleep は名詞の後ろに置くか **C で使用**する。

前に置いて後ろの名詞を修飾するには living を使うので、②が正解。alive は名詞の後ろに置くか **C で使用**する。

前に置いて後ろの名詞を修飾するには living を使うので、②が正解。

C で使用して、**dead or alive**「死んでいるか生きているか」と表すので、**alive** が正解。

fall asleep「ぐっすり眠る」から、**asleep** が正解。fall の第2文型で「**眠りに落ちる**」＝「**ぐっすり眠る**」の意味。

前に置いて後ろの名詞を修飾するには sleeping を使うので、**sleeping** が正解。

[解答]

1 ②

2 ①

3 ②

4 am able to

5 impossible for ／ to

6 capable of

[解説]

空所の前後の is、of から **be capable of doing**「～**する能力がある**」を推測して、②が正解。able は、**be able to do**「～**できる**」と使う。

Is と to walk から、**be able to do** を推測して、①が正解。

It is、for us to go から、**It is possible for S' to do.**「**S' が～することは可能だ**」を推測して、②が正解。

「**話せます**」と空所の後ろの speak から、**be able to do** を推測して、**am able to** が正解。

「～**ことは不可能だ**」と It is から、**It is impossible for S' to do.** を推測して、**impossible for**、**to** が正解。

「～**力がある**」と空所の前後の is、leading から、be capable of doing「～**する能力がある**」を推測して、**capable of** が正解。

第24講

本 誌

P.**079**

［解答］　　　［解説］

1 ②　necessary は**人を主語にして使えない**。It is necessary for S' to do. などの形で使うので、②が正解。

2 ②　possible は**人を主語にして使えない**。It is possible for S' to do. の形で使うので、②が正解。

3 ②　convenient は**人を主語にして使えない**ので、②が正解。

4 It is necessary　「～することは必要だ」と to join から、**形式主語の it** を使って、It is necessary が正解。

5 it is convenient　「ご都合のよいとき」から、it is convenient が正解。

6 It／impossible　「～することは不可能だ」と to teach から、**形式主語の it** を使って、It、impossible が正解。

第25講

本 誌

P.**081**

［解答］　　　［解説］

1 ②　「**立派な**」から、respectable を使って②が正解。**-able は受動**なので、「**尊敬される**」＝「**立派な**」となる。**-ful は能動**なので、respectful「**尊敬する**」の意味になることもおさえておく。

2 ①　「**尊敬すべきだ**」と能動の意味なので、respectful の①が正解。

3 ②　「**それぞれの**」から、respective の②が正解。

4 respectful　「**敬意を表する**」と能動なので、respectful が正解。

5 respectable　「**立派な**」から「**尊敬される**」と受動の意味になる respectable が正解。

6 respective　「**それぞれの**」から respective が正解。

[解答]

[解説]

1 ①
「敏感になる」から、sensible の①が正解。sensible は sense「感じる」＋ -ible「～できる」＝「物事の善悪を感じとれる」＝「分別のある」、「賢明な」の意味。

2 ②
「分別のある」から、sensible の②が正解。sensitive は sense「感覚」＋ -ive「豊富な」から「敏感な・繊細な」の意味。

3 ②
「節約すべき」から、economical「節約する」の②が正解。

4 sensible
「賢明な」から、sensible が正解。「分別のある」と訳すこともあるのをおさえておく。

5 sensitive
「繊細な」から、sensitive が正解。「敏感な」と訳すこともあるのをおさえておく。

6 economic
「経済戦略」から、「経済の」の意味となる economic が正解。

[解答]

[解説]

1 ①
「想像上の」から、imaginary「想像上の」を使って、①が正解。imaginable は、imagine ＋ -able「～できる」＝「想像できる」の意味。

2 ②
「想像力に富んだ」から、imaginative「想像力に富んだ」を使って、②が正解。imagine ＋ -ive「豊富な」＝「想像力に富んだ」の意味。

3 ①
「考えられる」＝「想像できる」の意味なので、imaginable の①が正解。

4 imaginative
「想像力に富んだ」から、imaginative が正解。

5 imaginary
「想像上の」から、imaginary が正解。

6 imaginable
「想像できる」から、imaginable が正解。

第28講

本　誌

P.087

［解答］　　　［解説］

1 ②

空所の後ろの options が**可算名詞**なので、**few「ほとんど〜ない」**を使って、②が正解。**little** は**不可算名詞**に使う「**ほとんど〜ない**」の意味であることもおさえておく。

2 ①

「**数日後**」から、**in a few days** とするので、①が正解。**a few「2、3ある」**は肯定、**few** は「**ほとんど〜ない**」で否定の意味になることをおさえておく。

3 ②

「**ほんの少ししかなかった**」から、**only a few「ほんの少ししか〜ない」**を使って、②が正解。**quite a few** は、**a few「少しある」**という肯定の意味を **quite** で強めるので、「**かなり多くの**」になることをおさえておく。

4 Few

「**ほとんどいない**」と people が可算名詞なので、**Few** が正解。

5 quite a few

「**かなり多くの**」と reasons が可算名詞なので、**quite a few「かなり多くの」**が正解。

6 Very few

「**ごくわずかの人しか〜ない**」と people が可算名詞なので、**Very few「ごくわずかしか〜ない」**が正解。

［解答］　　　［解説］

1 ①　　「家にいる」は **stay home** で表すので、①が正解。**home**「家に」は副詞なので、前置詞の後ろには置かないことをおさえておく。

2 ②　　「留学する」は **study abroad** で表すので、②が正解。**abroad**「海外に」は副詞なので、前置詞の後ろには置かないことをおさえておく。

3 ①　　「繁華街に行く」は **go downtown** で表すので、①が正解。**downtown**「繁華街に」は副詞なので、前置詞の後ろには置かないことをおさえておく。

4 live abroad　　「海外で生活する」は副詞の **abroad** を使って、**live abroad** とするので、これが正解。

5 go home　　「家に帰る」は副詞の **home** を使って、**go home** とするので、これが正解。

6 went downtown　　「繁華街に出かける」は副詞の **downtown** を使って **go downtown** とするので、過去時制にして **went downtown** が正解。

［解答］　　　［解説］

1 ①　　「最近」から **lately** を使って、①が正解。later は「後で」の意味。

2 ②　　「ほとんど〜ない」から、**hardly** を使って、②が正解。hard は「熱心に」の意味。

3 ②　　「ほぼ」から **nearly** を使って、②が正解。near は「近くに」の意味。

4 hardly　　「ほとんど聞こえなかった」から、**hardly**「ほとんど〜ない」を推測して、これが正解。

5 nearly　　頭文字のnと「ほとんどいつも」から、**nearly always**とするので、nearly が正解。

6 lately　　頭文字のlと現在完了で「最近」は **lately** で表すので、これが正解。

第31講

本 誌

P.099

[解答] [解説]

1 ②　空所の前後にカンマがあり、カンマで挟んで使える「**したがって**」は **therefore** なので、②が正解。because は、SV because 〜. や Because 〜, SV. の形で使う。

2 ②　as 〜 as の先頭の **as は副詞**で、後ろには 形容詞・冠詞・名詞 と続けるので、②が正解。副詞の as の後ろに a good actor と名詞を置くことはできない。

3 ②　「**ほとんどすべてのもの**」から、**almost everything** とするので、②が正解。**almost** は**例外的**に、**everything** のような**名詞**は **every** を**形容詞**と判断して、**修飾することができる**。

4 good a　　as 〜 as なので、〜は 形容詞・冠詞・名詞 の語順にする。**as good a book** とするので、**good a** が正解。

5 however　　カンマとカンマで挟んで使う「**しかしながら**」は、接続副詞の **however** が正解。

6 Almost everyone（everybody）

「**ほぼ全員**」から、**Almost everyone** が正解。**Almost everybody** でも正解。

[解答]

1 ①

[解説]

「～に笑われた」から、laugh at の受動態の **be laughed at by** にするので、①が正解。**受動態でも at を忘れない**ようにする。

2 ②

「空港で」から、**場所の at** を使って、②が正解。「空港の中で」を強調したい場合は、**in the airport** も可能。

3 ②

「夜（に）」は、**時刻の at** を使って **at night** とするので、②が正解。夜は身体を休めて寝る時間帯なので変化のない【点】のイメージの at を使う。

4 at seven

「7時に」から、**時刻の at** を使うので、**at seven** が正解。

5 amazed（astonished）at

「**驚いた**」と頭文字の a から **be amazed（astonished）at** を推測して、**amazed（astonished）at** が正解。

6 getting at

「**あなたは何を言おうとしているの？**」から、**What are you getting at?** を推測して、**getting at** が正解。

[解答]

1 ②

[解説]

「**わざと**」と空所の後ろの purpose から、**on purpose「わざと」** を推測して、②が正解。**根拠の on ＋ purpose「目的」＝「目的に基づいて」＝「わざと」**の意味。

2 ①

「～**次第だ**」から、**depend on** を推測して、①が正解。drive は「運転する」の意味。

3 ①

「2月2日**に**」から、**具体的な日付**には **on** を使うので、①が正解。

4 relies on

「**依存している**」と頭文字の r から、**rely on** を推測して、3単現の s を付けた、**relies on** が正解。

5 based on

「**～に基づいている**」から、**be based on** を推測して、**based、on** が正解。

6 on Sundays

「**日曜日に**」から**曜日の on** を使って、「**毎週日曜日に**」から Sunday を複数形にした **on Sundays** が正解。

第34講

本　誌

P.111

[解答]　　　　[解説]

1 ①　　空所の後ろの direction から、**方角の in** を使って **in the right direction** とするので、①が正解。

2 ②　　「黒い服**が**」から、**着用の in** を使って、②が正解。

3 ②　　「1時間後**に**」から、**時の経過の in** を使って、②が正解。

4 in the west　　「西に」から、**方角の in** を使って、**in the west** が正解。

5 in thirty minutes　　「30分**後に**」から、**時の経過の in** を使って、**in thirty minutes** が正解。

6 in love　　「〜に恋をした」から、**fall in love with** を使って、**in love** が正解。

第35講

本　誌

P.113

[解答]　　　　[解説]

1 ①　　「**〜から作られる**」で、チーズは固体、ミルクは液体で**形状が変わっ ている**ので、**原料の from** を使った **be made from** となる①が 正解。**be made of** は机と木のように**目で見てつながりがわかる** ときに使うこともおさえておく。

2 ①　　「**ここからそこまで**」から、**from A to B**「**A から B まで**」を推 測して、①が正解。

3 ②　　「**〜のせいで、…なかった**」から、**prevent O from doing**「**O が〜するのを妨げる**」を推測して、②が正解。無生物主語と引き 合って、「**〜のせいで、O が…できない**」と意訳されることをお さえておく。①は prepare「準備する」の過去形。

4 made from　　紙と木では、一見、**元のつながりがわからない**ので、 **原料の be made from** を使う。**made from** が正解。

5 prevented ／ from　　「**〜のせいで、行け**なかった」から、**prevent O from doing**「**O が〜するのを妨げる**」を推測して、 **prevented、from** が正解。

6 know ／ from　　「**善悪の区別**」と頭文字のkから、**know A from B**「**A を B と区別する**」を推測して、**know、from** が正解。

[解答]　　　[解説]

1 ②　「月曜日**から**土曜日**まで**」から、**from A to B**「**A から B まで**」を推測して、②が正解。

2 ②　「**〜途中で**」から、**on one's way to 〜**を推測して、②が正解。

3 ②　「**がっかりしたことに**」から、**to one's disappointment** を推測して、②が正解。

4 from ／ to　「9時**から**5時**まで**」から、**from A to B** を推測して、**from**、**to** が正解。

5 on ／ to　「**〜の途中**」から、**on one's way to 〜**を推測して、**on**、**to** が正解。

6 To my surprise　「**驚いたことに**」と頭文字の s から、**to one's surprise** を推測して、**To my surprise** が正解。「**驚いた**」のは、「**彼ではなくて私**」なので、my を使う。

[解答]　　　[解説]

1 ①　空所の前の thanked him から、**thank A for B**「**A に B で感謝する**」を推測して、①が正解。

2 ②　空所の前の exchange から、**exchange A for B**「**A を B と交換する**」を推測して、②が正解。

3 ②　「**〜に反対だ**」から、**反対の against** を使って、②が正解。

4 blamed ／ for　「**〜を責めた**」から、**blame A for B**「**A を B で責める**」を推測して、**blamed**、**for** が正解。

5 for ／ against　「**賛成ですか、反対ですか？**」から、**賛成の for**、**反対の against** を使うので、**for**、**against** が正解。

6 for　空所の前の exchange から、**exchange A for B**「**A を B と交換する**」を推測して、**for** が正解。

第38講

本 | **誌**

P.**121**

［解答］　　［解説］

1 ②　空所の前の become independent から、**become independent of**「〜から自立する」を推測して、②が正解。**分離の of** が使われている。

2 ②　「**奪った**」と空所の後ろの of と選択肢から、**deprive A of B**「**A から B を奪う**」を推測して、②が正解。

3 ②　「**思い出させる**」と空所の後ろの of から、**remind A of B**「**A に B を思い出させる**」を推測して、②が正解。

4 robbed ／ of　　「**バッグを奪った**」と r の頭文字から、**rob A of B**「**A から B を奪う**」を推測して、**robbed**、**of** が正解。

5 made of　　「**家具は木でできていた**」から、材料を意味する **be made of**「**〜でできている**」を使うので、**made of** が正解。

6 informed ／ of　　「**彼女に〜を知らせた**」と頭文字の i から、**inform A of B**「**A に B を知らせる**」を推測して、**informed**、**of** が正解。

第39講

本 | **誌**

P.**123**

［解答］　　［解説］

1 ②　空所の後ろの use から、**of use**「**役に立つ**」を推測して、②が正解。of と use の間に、great などの形容詞が入ることが多いこともおさえておく。

2 ①　「**とても価値がある**」から、**of value**「**価値のある**」を推測して、①が正解。

3 ①　「**重要だ**」から、**of importance**「**重要だ**」を推測して、①が正解。

4 of ／ use　　「**役に立つだろう**」から、**of use** を推測して、**of**、**use** が正解。

5 of ／ importance　　「**とても重要だ**」から、**of importance** を推測して、**of**、**importance** が正解。

6 of ／ value　　「**とても価値があった**」から、**of value** を推測して、**of**、**value** が正解。

[解答]　　　[解説]

1 ①
「農民たちと共に〜と戦った」から、**fight with**「〜と一緒に戦う」を推測して、①が正解。

2 ②
「庭付きの家」から、**所有の with**「〜を持って」を推測して、②が正解。

3 ②
「金づちで、その窓を割った」から、**道具の with**「〜を使って」を推測して、②が正解。

4 with
「ナイフ**を使って**」から、**道具の with** を推測して、**with** が正解。

5 got angry with
「〜に腹を立てた」から、**get angry with**「〜に対して腹を立てる」を推測して、過去時制であることから、**got angry with** が正解。

6 write with
「何か**書くもの**」と頭文字の w から、**道具の with** を使った **something to write with** とするので、**write with** が正解。紙のようなものをイメージして「何か書くもの」とするには、something to write on と表現することもおさえておく。

[解答]　　　[解説]

1 ①
「**簡単に**」と空所の後ろの ease から、**with ease**「簡単に」を推測して、①が正解。1語で **easily** に置き換えられる。

2 ①
「**流暢に**」と空所の後ろの fluency から、**with fluency**「流暢に」を推測して、①が正解。1語で **fluently** に置き換えられる。

3 ②
「**注意深く**」と空所の前の with から、**with care**「注意深く」を推測して、②が正解。1語で **carefully** に置き換えられる。

4 with ease
「**簡単に**」から、**with ease** を推測して、これが正解。

5 with care
「**注意深く**」から、**with care** を推測して、これが正解

6 with fluency
「**流暢に**」から、**with fluency** を推測して、これが正解。

第42講

本　誌

P.**129**

[解答]　　　[解説]

1 ①　　　「議論の最中」と空所の後ろの discussion から、**under discussion**「議論の最中」を推測して、①が正解。

2 ①　　　「私には**わからない**」と空所の後ろの understanding から、**beyond understanding**「理解できないほど」を推測して、①が正解。

3 ②　　　「コーヒーを飲み**ながら**」と空所の後ろの a cup of coffee から、**従事の over**「〜しながら」を推測して、②が正解。

4 under construction　「建設中」から、**under construction**「建設中」を推測して、これが正解。

5 over　　「紅茶を飲み**ながら**」と空所の後ろの a cup of tea から、**従事の over**「〜しながら」を推測して、これが正解。

6 beyond description「言葉にできないほど」から、**beyond description**「言葉にできないほど」を推測して、これが正解。

第43講

本　誌

P.**137**

[解答]　　　[解説]

1 ①　　　「めったに〜ない」から**頻度を打ち消す rarely** を推測して、①が正解。**hardly** は「ほとんど〜ない」で、**程度を打ち消す**表現であることをおさえておく。

2 ②　　　「ほとんど〜ない」から**程度を打ち消す hardly** を推測して、②が正解。

3 ②　　　「ほとんどお金を持っていない」と**量を打ち消し**、不可算名詞の **money** を修飾するので **little** を推測して、②が正解。**few**「ほとんど〜ない」は**数を打ち消して、可算名詞に使う**ことをおさえておく。

4 rarely　「めったに〜ない」と頭文字の r から、**rarely** が正解。

5 hardly　「ほとんど〜ない」と頭文字の h から、**hardly** が正解。

6 few　　「ほとんど欠点がない」と**可算名詞の faults を修飾**しているので、**few** が正解。

[解答]　　　[解説]

1 ①　「いつも〜とは限らない」から、部分否定の not always を推測して、①が正解。not at all は not を強調して「まったく〜ない」の意味。

2 ②　「すべての人が〜なわけではない」から、部分否定の not all を推測して、②が正解。

3 ②　「必ずしも〜とは限らない」から、部分否定の not necessarily を推測して、②が正解。

4 not always　「いつも〜わけではない」から、部分否定の **not always** が正解。

5 not necessarily　「必ずしも〜とは限らない」から、部分否定の **not necessarily** が正解。

6 Not all　「すべての夢が〜わけではない」から、部分否定の **Not all** が正解。

[解答]　　　[解説]

1 ②　「決して〜ない」から、far from「決して〜ない」を推測して、②が正解。far from「〜からほど遠い」＝「決して〜ない」の意味。

2 ①　「決して〜なかった」から、anything but「決して〜ない」を推測して、①が正解。anything「何でも」＋ 前置詞の but「〜以外に」＝「〜以外何でもよい」＝「決して〜ない」の意味。nothing but は、「〜以外何もない」＝「〜しかない」の意味になる。

3 ①　「決して〜ない」から、by no means「決して〜ない」を推測して、①が正解。by all means「すべての手段を使っても」＝「ぜひとも」と誘いを快諾する表現。

4 far from　「決して〜ない」と頭文字の f から、**far from** が正解。

5 anything but　「決して〜ない」と頭文字の a から、**anything but** が正解。

6 the last person　「決して〜人ではない」と空所の後ろの to say から、**the last person to do**「最も〜しそうにない人」を推測して、**the last person** が正解。

第46講

本　誌

P.**143**

［解答］　　　［解説］

1 ①　Let's から始まる文なので、**shall we?** で受けて、①が正解。**will you?** は命令文の付加疑問に使うこともおさえておく。

2 ②　命令文には **will you?** の付加疑問を使うので、②が正解。

3 ①　否定文には肯定の付加疑問を使うので、①が正解。

4 can't you　肯定文には否定の付加疑問を使うので、**can't you** が正解。

5 shall we　Let's から始まる文なので、**shall we** が正解。

6 will you　命令文には、**will you** の付加疑問が正解。

第47講

本　誌

P.**145**

［解答］　　　［解説］

1 ②　mind の後ろは動名詞をとり、**Would you mind doing?**「〜していただけますか？」と相手の承諾を期待する疑問文になるので、②が正解。

2 ①　「どうして〜？」と理由を聞いて、空所の後ろは **you were** と倒置していないので、**How come SV?**「なぜ S が V するのか」を推測して、①が正解。**What 〜 for?** は「何のために〜？」と目的を尋ねる表現であることをおさえておく。

3 ②　「何のために〜？」から、**What 〜 for?** を推測して、②が正解。

4 Would you mind　「〜（し）ていただけますか？」から、**Would you mind doing?** を推測して、**Would you mind** が正解。

5 What ／ for　「何のために〜か？」から、**What**、**for** が正解。

6 How come　「どうして〜？」と、空所の後ろが **he got** と倒置していないことから、**How come** が正解。

［解答］

1 ①

2 ②

3 ①

4 was

5 began her happy life

6 were

［解説］

On the top of the hill が文頭に出ており、選択肢から**第1文型の倒置**である **MVS** を推測して、①が正解。②のような疑問文の語順になる倒置は、否定の副詞が文頭に出たときなどに起こるものであることをおさえておく。

空所の前の Happy は形容詞なので、**第2文型の倒置**である **CVS** を推測して、②が正解。

空所の前の Wonderful は形容詞なので、**第2文型の倒置**である **CVS** を推測して、①が正解。

空所の前の Great は形容詞で、空所の後ろの her delight は名詞なので、**第2文型の倒置**である **CVS** を推測して、be 動詞の **was** が正解。

At that house が文頭に出ているため、**第1文型の倒置**である **MVS** を推測して、**began her happy life** が正解。

At the bus stop が文頭に出ており、空所の後ろは a woman and a boy と複数扱いの主語になる名詞があるので、**第1文型の倒置**である **MVS** を推測して **were** が正解。

第49講

本　誌
P.**155**

［解答］　　　　　［解説］

1 ①　　文頭に Never があると空所は**疑問文の語順**になるので、①が正解。**否定の副詞が文頭に出ると後ろが疑問文の語順になるというルール**。

2 ②　　空所の後ろが **did she imagine** と**疑問文の語順**なので、**否定の副詞**の②が正解。few「ほとんど〜ない」は否定語だが形容詞になる。

3 ②　　空所の後ろが **did I see** と疑問文の語順なので、**否定の副詞**の②が正解。**only + 時の副詞**で「〜してようやく」の意味。

4 Never did I　　頭文字の N と「**夢にも思わなかった**」から、**Never did I** が正解。

5 Only then　　空所の後ろが **did he explain** と疑問文の語順になっているので、**否定の副詞**を推測する。「**そのときようやく**」から、**Only then** が正解。

6 Little did　　頭文字の L と「**ほとんど食べなかった**」から、**Little did** が正解。

第50講

本　誌
P.**157**

［解答］　　　　　［解説］

1 ①　　空所の後ろの was because of 〜、that から、**It is A（前置詞句）that 〜.** の強調構文を推測して、①が正解。

2 ②　　「少しも〜ない」と空所の前の not から、**not 〜 in the least**「少しも〜ない」を推測して、②が正解。

3 ②　　「**一体どうやって**」から、疑問詞の後ろに置く **on earth**、**in the world** を推測して、②が正解。

4 It was　　空所の後ろの that から、**強調構文**の **It is A（名詞）that 〜.** を推測して、**It was** が正解。

5 on earth　　「**一体どこで**」から、疑問詞の後ろに置いて強調する **in the world**、**on earth** を推測する。空所が2個なので、**on earth** が正解。

6 in the least　　「**少しも〜ない**」と空所の前の not から、**not 〜 in the least** を推測して、**in the least** が正解。

［解答］　　　　［解説］

1 ②
　　　　空所の後ろが**前置詞**なので、**自動詞**を推測する。rise「**昇る**」が
　　　　自動詞なので、②が正解。raise「**〜を上げる**」が他動詞である
　　　　こともおさえておく。

2 ①
　　　　空所の後ろが**副詞**の fast で**目的語がない**ので、**自動詞**を推測す
　　　　る。grow up「**成長する**」が**自動詞**なので、①が正解。bring
　　　　up「**〜を育てる**」が**他動詞**であることもおさえておく。

3 ②
　　　　空所の後ろが**名詞**の my hand で**目的語がある**ので、**他動詞**を推
　　　　測する。lay「**〜を置く**」が**他動詞**なので、過去形の laid である
　　　　②が正解。lie「**横になる**」が**自動詞**で、lie-lay-lain と変化する
　　　　こともおさえておく。

4 was brought up
　　　　「**育てられた**」から、**他動詞**の bring up「**〜を育てる**」
　　　　を受動態にして過去時制にした was brought up
　　　　が正解。

5 lying
　　　　空所の後ろが**前置詞**で**目的語がない**ので、**自動詞**を
　　　　推測する。lie「**横になる**」が**自動詞**なので現在分
　　　　詞の lying が正解。

6 Raise your hand
　　　　「**手を挙げる**」から、**他動詞**の raise を使って、Raise
　　　　your hand が正解。

第52講

本 **誌**

P.**167**

[解答]

1 ②

2 ①

3 ①

4 rented

5 lend

6 use

[解説]

空所の後ろに me、his bike と名詞が2つあるので、第4文型の **lend O₁ O₂**「**O₁ に O₂ を貸す**」を推測して、②が正解。borrow は「借りる」の意味で、第3文型をとる。

「**お金を借りる**」は **borrow** を使うので、①が正解。**rent** は、主に**部屋など**を「**賃借する**」ときに使う。

「**車を有料で借りた**」から、**rent** を使うので、①が正解。**borrow** は**無料で本などを借りる**ときに使う。

「**家を借りた**」から、**rent** を使うので、過去形の **rented** が正解。

空所の後ろに me、some money と名詞が2つ続くので、第4文型を推測して、**lend O₁ O₂** の **lend** が正解。

トイレなどの移動不可能なものを借りる場合は **use** を使うので、これが正解。

［解答］

1 ②

2 ①

3 ①

4 talking about

5 told

6 said

［解説］

空所の後ろの about から、自動詞が入るとわかる。**talk** が**自動詞**なので、②が正解。**say** は**他動詞**で**発言内容を目的語にとる**こともおさえておく。

空所の後ろの to から、自動詞が入るとわかる。**speak** が**自動詞**なので、①が正解。speak や talk は、後ろに**話題**をとると **speak about**「〜について話す」、**話し相手**を続けると **speak to（with）**「〜と話す」となることもおさえておく。

空所の後ろが **that 〜**と**発言内容を目的語にとる**ので、**say** を使って①が正解。**tell** は**話し相手と伝達内容を目的語**にとり、**tell O₁ O₂**「O₁ に O₂ を伝える」と使うこともおさえておく。

「何の**話をしている**」と t の頭文字から、**talk about**「〜について話す」を使うと推測して、現在分詞の **talking about** が正解。

空所の後ろに me、the story と名詞が2つ続くので第4文型の **tell O₁ O₂** を推測して、「その話をした」から、過去形の **told** が正解。

空所の後ろが **that 節**で**発言内容を目的語**にとり、「言った」から過去形の **said** が正解。

第54講

本誌
P.**171**

[解答]   [解説]

1 ②   「**サイズが合う**」には **fit** を使うので、②が正解。**suit** は**色や服装が似合う**ときに使うことをおさえておく。

2 ①   「**コートが似合う**」から、**服装が似合う**ときは **suit** を使うので、①が正解。**fit** は**サイズが合う**ときに使うこともおさえておく。

3 ②   ネクタイとコートのように**ものとものが合う**ときは **go with** や **match** を使うので、②が正解。

4 suits   「**赤がよくお似合い**」と、**色が似合う**文脈なので、**suit** を使うと推測して、**suits** が正解。

5 matches   リボンと髪のように**ものとものが合う**文脈なので、**match か go with** を使う。空所の数が1個なので、**matches** が正解。

6 fit   **サイズが合う**という文脈なので、**fit** が正解。

第55講

本誌
P.**177**

[解答]   [解説]

1 ①   **population**「**人口**」の多さは、**large** で表すので、①が正解。

2 ①   **price**「**価格**」の高い、安いは、**high**, **low** で表すので、①が正解。

3 ①   **traffic**「**交通量**」の多い、少ないは、**heavy**, **light** で表すので、①が正解。

4 low   **salary**「**給料**」の高い、安いは、**high**, **low** で表すので、**low** が正解。

5 heavy   **traffic**「**交通量**」の多い、少ないは、**heavy**, **light** で表すので、**heavy** が正解。

6 larger   **population** の多い、少ないは、**large**, **small** で表す。**than** があるので**比較級**にした **larger** が正解。

第56講	[解答]	[解説]
本誌 P.**179**	**1** ②	met から過去時制とわかり、**過去時制の「〜前」は〜 ago で表**すので、②が正解。**before は過去完了**で使う。
	2 ②	got married から過去時制とわかり、**過去時制の「最近」は recently** で表すので、②が正解。these days「最近」は**現在時制**で使う。
	3 ②	**yet は否定文**で「**まだ〜ない**」と使うので、②が正解。already「すでに」は肯定文で使う。
	4 before	had written から過去完了とわかり、「**2日前**」は **two days before** で表すので、**before** が正解。
	5 these days	seems から現在時制とわかり、**現在時制の「最近」**は **these days** で表すので、these days が正解。
	6 already	「**すでに**」は **already** で表すので、already が正解。

第57講	[解答]	[解説]
本誌 P.**181**	**1** ②	「**無料で**」と free of から、**free of charge「無料で」**を推測して、②が正解。
	2 ②	「**入場料**」から entrance fee を推測して、②が正解。**fare はバスやタクシーなどの「運賃」**の意味。
	3 ①	「**運賃**」から、**fare** を使って①が正解。fine は「**罰金**」の意味。
	4 fine	「**40ドルの罰金**」から、**fine** が正解。
	5 tuition fee	「**授業料**」は **tuition fee** で表すので、これが正解。
	6 cost of living	「**生活費**」は **the cost of living** なので、**cost of living** が正解。

第58講

本　誌

P.**183**

［解答］　　　　　［解説］

1 ②　　　「乗客」は passenger なので、②が正解。customer は「**顧客（レ ストランやスーパーなどのお得意様）**」の意味。

2 ①　　　「**レストランの客**」なので、**customer** を使って、①が正解。 **passenger** は「**乗客（バスやタクシーなどの客）**」の意味。

3 ①　　　「**観客**」から、**spectator** を使って、①が正解。**client** は「**依頼人**」 で、**弁護士などの客**を意味する。

4 audience　　　「**聴衆**」から、**audience** が正解。**コンサートなど の客**を意味する。

5 Passengers　　　「**乗客**」と動詞が are なので、複数形にした **Passengers** が正解。

6 client　　　「**依頼人**」から、**client** が正解。**弁護士などの客**を 意味する。

1.	Hurry up, and you will catch the train.	1.	急ぎなさい、そうすればあなたはその電車に間に合うだろう。
2.	Both my wife and I are interested in movies.	2.	私の妻も私も映画に興味がある。
3.	He is neither rich nor famous.	3.	彼はお金持ちでも有名でもない。
4.	Not only he but also his friend was right.	4.	彼だけでなく彼の友人も正しかった。
5.	Either you or I am wrong.	5.	あなたか私のどちらかが間違っている。
6.	We stayed outside while it was raining.	6.	雨が降っている間、私たちは外にいた。
7.	Before you go, I must tell you something.	7.	あなたが行く前に、私は言っておかなければならないことがある。
8.	He has been working since he graduated from college.	8.	彼は大学を卒業してからずっと働いている。
9.	When the telephone rang, I was taking a shower.	9.	電話が鳴ったとき、私はシャワーを浴びていた。
10.	I came back after the class was over.	10.	授業が終わったあとに、私は帰ってきた。
11.	She didn't call me because she couldn't find my phone number.	11.	彼女は私の電話番号を見つけられなかったので、電話しなかった。
12.	Since it's such a beautiful day, why don't we go out?	12.	今日は素晴らしい天気なので、外に行きませんか？
13.	As my brother is clever, he should know all the answers.	13.	私の兄は賢いので、すべての答えを知っているはずだ。
14.	If it rains tomorrow, I'll stay at home.	14.	明日雨が降るなら、私は家にいるよ。
15.	I'll pick you up, unless it snows.	15.	雪が降らない限り、私があなたを迎えに行きます。
16.	While I am shy, my wife is social.	16.	私は恥ずかしがり屋だけれども、私の妻は愛想がよい。

17.	That you study English now is a good idea.	17.	あなたが英語を今勉強することはよい考えだ。
18.	What is important is to do your best.	18.	重要なのは最善を尽くすことだ。
19.	It is clear that you should respect your parents.	19.	あなたが親を尊敬すべきことは明らかだ。
20.	The fact that she married him surprised me.	20.	彼女が彼と結婚したという事実は私を驚かせた。
21.	I heard the news that he got a job.	21.	私は彼が仕事を見つけたという知らせを聞いた。
22.	I don't like the idea that money is everything.	22.	私はお金がすべてだという考えは好きではない。
23.	Speak louder so that I can hear you.	23.	聞こえるようにもっと大きな声で話してください。
24.	It was such a wonderful book that I read it twice.	24.	それは素晴らしい本だったので、私は2回読んだ。
25.	My father drove so fast that he scared me.	25.	父はとても速いスピードで運転していたので、私は怖かった。
26.	Human beings differ from animals in that they can speak and think.	26.	人間は、話したり考えたりできるという点で、動物とは違う。
27.	He became wiser as he grew older.	27.	彼は年をとるにつれて賢くなった。
28.	We were drinking as we talked.	28.	私たちは、話をしていたとき、お酒を飲んでいた。
29.	My daughter did as she was told.	29.	私の娘は言われたとおりにやった。
30.	Things got better once I found a job.	30.	一度仕事が見つかると、状況はよくなった。
31.	Now that you are an adult, you should behave yourself.	31.	今やあなたは大人なのだから、行儀よくふるまうべきだ。
32.	Every time I see him, he looks happy.	32.	私が彼を見るたびに、幸せそうに見える。
33.	You must wear your sweater in case it snows.	33.	雪が降る場合に備えて、セーターを着て行きなさい。

34.	If you don't like it, you can change it.	34.	もしあなたがそれを気に入らないなら、変えることができる。
35.	Do you know if he is married?	35.	あなたは彼が結婚しているかどうか知っていますか?
36.	I don't know whether he will come or not.	36.	彼が来るかどうか、私にはわからない。
37.	Whether she comes or not, I will go.	37.	彼女が来ても来なくても、私は行くよ。
38.	I'll be back by the time you get home.	38.	あなたが帰宅するときまでには、私は戻るだろう。
39.	I stayed in the room until my daughter fell asleep.	39.	私の娘が寝付くまでずっと、私はその部屋にいた。
40.	The expression is often used as far as I know.	40.	私の知る限り、その表現はよく使われる。
41.	As long as you work, you will have enough money.	41.	あなたが働いている限り、十分なお金があるでしょう。
42.	I will call you as soon as a room is available.	42.	部屋が空いたらすぐに、お電話いたします。
43.	No sooner had I arrived at the station than the train left.	43.	私が駅に着くとすぐに、電車は出発してしまった。
44.	Hardly had we left when the fight started.	44.	私たちが立ち去るとすぐに、喧嘩が始まった。
45.	I spent so much money yesterday.	45.	昨日はたくさんお金を使った。
46.	She does not have many friends.	46.	彼女には友達があまりいない。
47.	There is little information about this website.	47.	このウェブサイトに関する情報はほとんどない。
48.	Few students took the test.	48.	そのテストを受けている学生はほとんどいなかった。
49.	I have a lot of homework today.	49.	今日はたくさん宿題がある。
50.	We were moving furniture all morning.	50.	私たちは午前中ずっと家具を動かしていた。

51.	Have you made friends with your neighbors yet?	51.	もう近所の人たちと仲よくなりましたか？
52.	I didn't like to shake hands with the man.	52.	私はその人と握手をしたくなかった。
53.	You can change trains at Shinjuku Station.	53.	あなたは新宿駅で電車を乗り換えられる。
54.	Mike is the older of the two.	54.	マイクは2人のうちで年上の方だ。
55.	They are paid by the day.	55.	彼らは日給制だ。
56.	This country is hard for the weak.	56.	この国は弱者には生きづらい。
57.	You should respect the old.	57.	あなたは高齢者を敬うべきだ。
58.	I caught him by the arm.	58.	私は彼の腕をつかんだ。
59.	My father tapped me on the shoulder.	59.	私の父は、私の肩を叩いた。
60.	I looked her in the eye.	60.	私は彼女の目を見た。
61.	Help yourself to whatever you want.	61.	何でも好きなものを自由にお取りください。
62.	I couldn't make myself understood to her in English.	62.	彼女に私の英語は通じなかった。
63.	I shouted to make myself heard above the noise.	63.	騒音に消されずに自分の声を届かせるために、私は叫んだ。
64.	The man took a stone and threw it.	64.	その男性は石を取って、それを投げた。
65.	I don't have a pen. Could you lend me one?	65.	ペンがない。私に貸してくれますか？
66.	The climate here is like that of Hawaii.	66.	ここの気候はハワイの気候に似ている。

67.	Both of the children enjoyed the movie.	67.	子どもたちは2人ともその映画を楽しんだ。
68.	Either of the two ideas will do.	68.	その2つのアイデアのうち、どちらでもよいでしょう。
69.	None of his friends live near here.	69.	彼の友人は誰もこの近くに住んでいない。
70.	Any of the three ideas will do.	70.	その3つのアイデアのうち、どれでもよいでしょう。
71.	I made two suggestions, but neither was accepted.	71.	私は2つ提案をしたが、どちらも受け入れられなかった。
72.	One of the questions is "Do you smoke?"	72.	質問の1つは、「あなたはたばこを吸うか?」だ。
73.	Each of us is responsible for the environment.	73.	私たち1人ひとりが環境に責任がある。
74.	Most of the guests are couples.	74.	客のほとんどが夫婦や恋人同士だ。
75.	Some of the books are good.	75.	それらの本の一部はよい出来だ。
76.	I don't like this tie; please show me another.	76.	このネクタイは好きではない。別のものを見せてください。
77.	I have two daughters. One is a lawyer, and the other is a teacher.	77.	私には娘が2人いる。1人は弁護士で、残りの1人は教師をしている。
78.	Here are three books. One is a novel and the others are comic books.	78.	ここに3冊本がある。1冊は小説で、残りの2冊は漫画だ。
79.	Some like baseball, and others like soccer.	79.	野球が好きな人もいれば、サッカーが好きな人もいる。
80.	To know is one thing, and to teach is another.	80.	知っていることと教えることは別のことだ。
81.	I looked at my sleeping baby.	81.	私は眠っている赤ん坊を見た。
82.	All living things are sacred.	82.	すべての生き物は神聖だ。
83.	She stayed there until her daughter fell asleep.	83.	自分の娘がぐっすり眠るまで、彼女はそこにいた。

84.	He is capable of teaching English.	84.	彼は英語を教えられる。
85.	Is your baby able to walk?	85.	あなたの赤ん坊は歩けますか？
86.	It is possible for us to go there by car.	86.	私たちが車でそこに行くことは可能だ。
87.	It is necessary for you to write a letter of thanks.	87.	あなたはお礼の手紙を書く必要がある。
88.	It is possible for me to go with you.	88.	私があなたと行くことは可能だ。
89.	I will see you this Wednesday if it is convenient for you.	89.	ご都合がよろしければ、水曜日に会いましょう。
90.	My friend is a respectable doctor.	90.	私の友人は立派な医師だ。
91.	He should be respectful to his parents.	91.	彼は両親をもっと尊敬すべきだ。
92.	Go back to your respective homes.	92.	あなたたちのそれぞれの家に帰りなさい。
93.	You should be more sensitive to her feelings.	93.	あなたはもっと彼女の気持ちに敏感になるべきだ。
94.	My mother is a sensible woman.	94.	私の母は分別のある女性だ。
95.	You should be more economical with money.	95.	あなたはお金をもっと節約すべきだ。
96.	His world was full of imaginary friends.	96.	彼の世界は、想像上の友達で一杯だった。
97.	This is an imaginative novel.	97.	これは想像力に富んだ小説だ。
98.	He can deal with any imaginable situation.	98.	彼は考えられるあらゆる状況に対処できる。

和⇒英　英⇒和
No.7　No.21

99.	There may be few options open to her.	99.	彼女にはほとんど選択肢がないかもしれない。
100.	I will see him in a few days.	100.	数日後に彼と会うことになっている。
101.	Only a few seats were vacant.	101.	空いている席はほんの少ししかなかった。
102.	Few people notice the fact.	102.	その事実に気づいている人はほとんどいない。
103.	There are quite a few reasons why I don't go there.	103.	私がそこに行かない、かなり多くの理由がある。
104.	Very few people came to the party.	104.	パーティにはごくわずかの人しか来なかった。
105.	I am going to stay home today.	105.	今日は家にいる予定だ。
106.	I studied abroad when I was in college.	106.	私は大学生の頃、留学していた。
107.	What is the best way to go downtown?	107.	繁華街に行く一番よい方法は何ですか？
108.	I have lost weight lately.	108.	私は最近体重が減った。
109.	I can hardly read your letter.	109.	私はあなたの手紙がほとんど読めない。
110.	It took nearly three hours to get there.	110.	そこに着くのに、ほぼ3時間かかった。
111.	She is nearly always right.	111.	彼女はほとんどいつも正しい。
112.	Have you seen your parents lately?	112.	あなたは最近親に会いましたか？
113.	It is not surprising, therefore, that he won first prize.	113.	したがって、彼が1等になったのは驚きではない。
114.	He is as good an actor as Mike.	114.	彼はマイクと同じくらいよい俳優だ。
115.	They sold almost everything.	115.	彼らはほとんどすべてのものを売った。
116.	I did not, however, make a definite promise.	116.	しかしながら、私ははっきりとした約束はしなかった。

117.	I was laughed at by my friends.	117.	私は友人たちに笑われた。
118.	He lost his wallet at the airport.	118.	彼は空港で財布をなくした。
119.	I can't sleep well at night.	119.	夜、よく眠れない。
120.	I usually get up at seven in the morning.	120.	私はたいてい朝7時に起きる。
121.	I was just amazed at the result.	121.	私はその結果に本当に驚いた。
122.	What are you getting at?	122.	あなたは何を言おうとしているの？
123.	She fell on purpose.	123.	彼女はわざと倒れてみせた。
124.	Your success depends on your effort.	124.	あなたの成功はあなたの努力次第だ。
125.	The party was held on February 2nd.	125.	そのパーティは、2月2日に開催された。
126.	Japan relies on oil from the Middle East.	126.	日本は中東の石油に依存している。
127.	The book is based on a true story.	127.	その本はある実話に基づいている。
128.	We go to church on Sundays.	128.	私たちは毎週日曜日に教会へ行く。
129.	We are going in the right direction.	129.	私たちは正しい方角に進んでいる。
130.	You look good in black.	130.	あなたは黒い服がよく似合う。
131.	We will leave in an hour.	131.	私たちは1時間後に出発します。
132.	The sun sets in the west.	132.	太陽は西に沈む。
133.	I fell in love with a girl.	133.	私はある女の子に恋をした。

134.	Cheese is made from milk.	134.	チーズはミルクから作られる。
135.	How can I get from here to there?	135.	ここからそこまででどうやって行けばいいですか？
136.	Rain prevented the game from taking place.	136.	雨のせいで、その試合は開催されなかった。
137.	He is too young to know right from wrong.	137.	彼は若すぎて善悪の区別がつかない。
138.	I met my mother on my way to the station.	138.	駅に行く途中で、私の母と会った。
139.	To my disappointment, they didn't carry out the plan.	139.	がっかりしたことに、彼らはその計画を実行しなかった。
140.	To my surprise, he objected to the plan.	140.	驚いたことに、彼はその計画に反対した。
141.	I thanked him for his help.	141.	私は彼が助けてくれたことに感謝した。
142.	I would like to exchange this shirt for a smaller one.	142.	私はこのシャツをもっと小さなものに交換してもらいたい。
143.	He blamed them for the accident.	143.	彼はその事故で、彼らを責めた。
144.	Are you for or against the proposal?	144.	あなたはその提案に賛成ですか、反対ですか？
145.	I would like to exchange eighty thousand yen for dollars.	145.	8万円をドルに替えたいのですが。
146.	You should become independent of your parents.	146.	あなたは親から自立すべきだ。
147.	Her parents deprived her of her freedom.	147.	彼女の親は彼女から自由を奪った。
148.	This picture reminds me of your father.	148.	この写真は、私にあなたの父親を思い出せる。
149.	They robbed the woman of her bag.	149.	彼らはその女性からバッグを奪った。
150.	All the furniture was made of wood.	150.	そのすべての家具は木でできていた。
151.	I informed her of my new address.	151.	私は彼女に自分の新しい住所を知らせた。

152.	Your idea was of great use.	152.	あなたの考えはとても役に立った。
153.	His advice is of great value.	153.	彼のアドバイスはとても価値がある。
154.	Time is of great importance.	154.	時間は極めて重要だ。
155.	They fought with the farmers against the government.	155.	彼らは、農民たちと共に政府と戦った。
156.	I want a house with a garden.	156.	私は庭付きの家が欲しい。
157.	My sister cut meat with a knife.	157.	私の姉はナイフを使って、肉を切った。
158.	The teacher got angry with me in the classroom.	158.	その教師は、教室で私に腹を立てた。
159.	Could I have something to write with?	159.	何か書くものをいただけますか？
160.	I have finished the job with ease.	160.	私はその仕事を簡単に終えた。
161.	My daughter can read books with fluency.	161.	私の娘は本を流暢に読むことができる。
162.	Please treat this issue with care.	162.	この問題を注意深く扱ってください。
163.	This plan is still under discussion.	163.	この計画はまだ議論の最中だ。
164.	The lecture is beyond my understanding.	164.	その講義は私にはわからない。
165.	They chatted over a cup of coffee.	165.	彼らはコーヒーを飲みながらおしゃべりをした。
166.	This bridge is still under construction.	166.	この橋はまだ建設中だ。
167.	Her beauty was beyond description.	167.	彼女の美しさは言葉にできないほどだった。

168.	He rarely complains.	168.	彼はめったに文句を言わない。
169.	I have little money.	169.	私はほとんどお金を持っていない。
170.	I could hardly sleep last night.	170.	私は昨晩ほとんど眠れなかった。
171.	She has few faults.	171.	彼女にはほとんど欠点がない。
172.	I am not always free on Saturdays.	172.	私は、土曜日はいつも暇だとは限らない。
173.	Not all people like him.	173.	すべての人が彼を好きなわけではない。
174.	Expensive cars are not necessarily the best.	174.	高級な車が必ずしも一番よいとは限らない。
175.	This story is far from over.	175.	この話は決して終わってはいない。
176.	The test was anything but difficult.	176.	そのテストは決して難しくはなかった。
177.	This task is by no means easy.	177.	この作業は決して簡単ではない。
178.	Let's eat out tonight, shall we?	178.	今晩外食しませんか？
179.	Take a seat, will you?	179.	席に着いてくれますか？
180.	You couldn't lend me your bicycle, could you?	180.	自転車を貸してくれませんか？
181.	You can help me, can't you?	181.	私を手伝ってくれませんか？
182.	Would you mind closing the window?	182.	窓を閉めていただけませんか？
183.	How come you were late?	183.	どうして遅れましたか？
184.	What did you go there for?	184.	あなたは何のためにそこに行ったのですか？

185.	On the top of the hill stood an old house.	185.	丘の上に古い家が建っていた。
186.	Wonderful was the view in that town.	186.	その街の景色は素晴らしかった。
187.	Never did I dream that this would happen.	187.	こんなことが起ころうとは夢にも思わなかった。
188.	Little did she imagine that.	188.	彼女はそんなことはまったく想像していなかった。
189.	Only yesterday did I see her.	189.	昨日ようやく彼女に会えた。
190.	It was because of my carelessness that I lost my bag.	190.	私がかばんをなくしたのは、自分の不注意のせいだった。
191.	He is not in the least afraid of dogs.	191.	彼は犬を少しも恐れていない。
192.	How on earth did you do it?	192.	一体どうやってあなたはそれをやったの?
193.	The sun rises in the east.	193.	太陽は東から昇る。
194.	Children grow up fast these days.	194.	近頃の子どもたちは成長が早い。
195.	I laid my hand on my daughter's shoulder.	195.	私は手を娘の肩に置いた。
196.	I was brought up to respect my parents.	196.	私は親を敬うように育てられた。
197.	He was lying on the floor with his friends.	197.	彼は友達と一緒に床に横になっていた。
198.	Raise your hand if you have a question.	198.	質問があれば手を挙げなさい。
199.	He lent me his bike.	199.	彼は私に自転車を貸してくれた。
200.	I borrowed money from my father last week.	200.	私は先週、父からお金を借りた。
201.	I rented a car yesterday.	201.	私は昨日、車を有料で借りた。

202.	He talked about his hobby.	202.	彼は自分の趣味について話した。
203.	She will never speak to me again.	203.	彼女は二度と私と話してくれないだろう。
204.	She said that she was hungry.	204.	彼女はお腹が空いていると言った。
205.	She told me the story.	205.	彼女は私にその話をした。
206.	These shoes don't fit me.	206.	この靴は私のサイズに合わない。
207.	This coat really suits you.	207.	このコートは本当にあなたによく似合っている。
208.	This tie doesn't go with my coat.	208.	このネクタイは私のコートに合わない。
209.	This ribbon matches your hair.	209.	このリボンはあなたの髪に合う。
210.	How large is the population of Japan?	210.	日本の人口はどれくらいですか？
211.	The price of the car is low.	211.	その車の価格は安い。
212.	The traffic is light on the street.	212.	その通りは交通量が少ない。
213.	The traffic was heavy, and I was late for work.	213.	道路が混んでいたので、仕事に遅れた。
214.	I met him five years ago.	214.	私は5年前に彼と出会った。
215.	We got married recently.	215.	私たちは最近結婚した。
216.	My order hasn't come yet.	216.	私の注文がまだきていない。
217.	I heard that he had written that letter two days before.	217.	私は彼がその手紙を2日前に書いたと聞いた。
218.	She seems to be happy these days.	218.	彼女は最近幸せそうだ。
219.	I have already heard the news.	219.	私はすでにそのニュースを聞いた。

220.	Children are admitted free of charge.	220.	子どもは無料で入場できる。
221.	You have to pay your own entrance fee to the facility.	221.	あなたは自分でその施設の入場料を払う必要がある。
222.	How much is the fare?	222.	運賃はいくらですか？
223.	I got a forty-dollar fine for speeding.	223.	私はスピード違反で40ドルの罰金をとられた。
224.	The cost of living in New York is very high.	224.	ニューヨークの生活費はとても高い。
225.	The restaurant is well placed to attract customers.	225.	そのレストランはお客を呼ぶのによい場所にある。
226.	The show drew a great many spectators.	226.	そのショーは多くの観客を集めた。
227.	The audience demanded the singer perform once more.	227.	聴衆は、その歌手がもう一度歌うことを要求した。
228.	Passengers are requested to fasten their seat belts.	228.	乗客はシートベルトの着用が必要とされる。
229.	I am going to see my client at five.	229.	私は5時に依頼人と面談する予定だ。